国語教育実践の基底

三浦和尚

三省堂

｜装丁・本文レイアウト｜
臼井弘志（公和図書デザイン室）

まえがき

本書は、国語科授業実践者として、また国語教育研究者として、その営みを一つの区切りとしてまとめようとしたものである。

大学教員としての国語教育の研究に二十六年の歳月が流れた。振り返ればまさに「流れた」ということばがふさわしい過ごし方であった。

私は大学に籍を置く以上、一応「研究者」といえるのかもしれないが、自身の実感は「研究者」にはない。常に「実践者」の感覚でものを言ってきたつもりであり、それは自身の自負ともなっている。恩師　故　野地潤家先生がいつもおっしゃっていた「研究即実践、実践即研究」という姿勢を貫いたとは言いがたいが、少なくともこのことばは私の実践者としての、あるいは研究者としての生活を支えてきた。

私は、中学・高校の現場から大学に籍を移して、研究者と実践者の風通しの悪さを感じるようになった。それは、現場実践者は理論的なものを研究者に期待はしているが、同時に研究成果がすぐに自身の実践に役立つわけではないと感じていること、また、研究者の立場から言えば、研究成果がなかなか現場実践につながっていかないように感じられているということである。場合によっては、大学の先生の話を聞いても自分たち実践者の役には立たないかのように言われることもあった。

大学を中心とした研究と現場実践が乖離している、とまでは言いたくないが、両者がなだらかにつながっているという実感はもてなかった。

このことに気づいたとき、私は自身の立ち位置を研究と実践の橋渡しをすることに徹しようと考えた。というより、そこにしか自身の立ち位置を見いだせなかった。結果として、理論研究に学びつつ、現場実践の改善にできるだけつながる見通しをもった提言を続けたつもりである。現場実践とのつながりが遠い基礎的な研究は避けたが、もちろん、現場実践に直結するか否かが、研究の質や意義につながるわけではないことは理解している。しかし、研究のための研究としか思えない研究を気持ちの上では排斥した。

そういう意識下の営みに意味があったのかなかったのかは、自身では判断できない。しかし、現場実践に厳しいことばを投げかけながらも、研究と実践の橋渡しとして現場実践の改善に向けて取り組んできた「つもり」であることだけは事実であり、それは本質的には（以前には私の眼前にいた）教室にいる子どもたちの学びと成長のためである。

本書の書名を『国語教育実践の基底』とし、これまでの書き物から二十三編を選んで収めた。私の研究の出発点ともいえる教育話法に関する論考四編、太宰治の研究からスタートした私なりの教材研究に関わる論考四編、そして十七年の現場実践に基づいた国語科授業実践の具体に関する論考十四編、さらに、私の国語教育についての考え方が端的に示されているという意味で、一編の講演記録を付している。

もとより「論考」というよりは「自身の経験値の集積」というべきものも多く、「学」「論」としてまとめていいものかどうかの疑いはあろうが、私なりの国語科授業に対する思いとしては、その区別はあまり意味をなしてはいない。

また、発表誌の関係で、小学校を念頭においたり、高等学校を念頭においたりの物言いの不統一感がある点はご容赦いただきたい。

愛着のある書き物は他にも多くあり、取捨選択に迷いつつ、一冊のまとまりを最優先して最終的にこの形になった。これまでに五冊の単著を出させていただいているので、それとの重複を避けたこともある。結果的に、これまでまとめた形で出版していない「書くこと」に関する論考がやや多い編集となった。

国語教育の実践のために、どのような具体的な工夫や意識が必要なのか。結果として論考を取捨選択してみれば、「実践の基底」に何があるのか、必要なのかを私なりに考察したものになっているように思われる。

本書が現場の先生方にそのように受け止められ、少しでも授業改善のお役に立つようであれば、私の営みが無意味ではなかったという点で、この上ない幸せである。

目次

III／国語科授業実践方法の基底

I

実践力としての教育話法

1 子どものことばを育てる教師のことば

私は教員として奉職後、「教師の話し方」の大切さについて、考えを深めるようになった。そのきっかけを、拙著『国語教室の実践知』(三省堂　二〇〇六)に次のように記している。

私が就職して間もないころのことである。同じ学校に青木という生物の先生がおられた。青木先生は子どもたちに本当に慕われている、人気ナンバーワンの先生であった。青木先生は取り立てて若くて元気というわけでもかっこいいというわけでもなかった。失礼ながらむしろその逆に近いと言ってよい。年齢も当時の私の倍くらいであったろう。

しかし、友達のように話しかけてくれる中学・高校の子どもたちの口から、しばしば「青木先生が好き」「いい先生」「優しいから好き」ということばが出てくる。そういうときは、私のことなど論外という雰囲気を漂わせるから、多少複雑な気分にもなる。

ある日のこと、生物室の前を偶然通ると、青木先生の声が聞こえてくる。私は本当に何気なく足を止め、青木先生の授業の声を聞いた。窓は閉まっているから姿は見えないが、先生や子どもの声は聞こえてくる。今考えるとお行儀の悪いことだが、その当時はそんなことは考えなかった。あんなに人気のある先生はどんな授業をなさるのだろう。そこまで明確に意識したかどうかは定かではないが、とにかくしばらく聞き入った。

結論から言うと、その話し方がすばらしいのである。

説明するときはゆっくりわかりやすく、発問もわかりやすく、そして何より子どもに本気で語りかけていらっしゃる。子どもの発言にもきちんと対応して、子どものことばを深く受け止めていらっしゃることがわかる。誠実に子どもと向き合い、子どもをくるみこむような優しい話し方である。この話し方に接していたら、聞かざるを得ないし、好きになるのは当然だと思われた。無論、学習そのものの成果も上がるはずである。

後に私は、教師の話し方について研究的に捉えていくことになったが、その出発点はここである。また、「みんなに話しかけているのに、子どもは自分一人に話されているように感じる話し方」を教師の話し方の究極の姿として思い描いたが、それはこの青木先生の話のイメージをことばで表したものである。そこには、丁寧さ、優しさ、そして何より子どもに対する誠実さがあふれていた。（同書「教育話法」の項）

これは教員になってすぐの頃のことだが、この後私は、お正月に野地潤家先生のお宅に伺ったとき、この話とともに、「教育話法の研究は大切だと思う」ということを申しあげた。すると先生は、いったん部屋を出られた後、「もうこれしか残っていませんが」とおっしゃりながら、ご著書『教育話法の研究』（柳原書店　一九五三）を私にくださったのである。

今になって考えてみれば、なんと大それた行動をとったのだろうとも思うが、当時は私なりに「希望に燃えた新米教師」だったのである。結果としてその後、私は中国四国教育学会を中心に「教師の話し方（教育話法）の研究」をしばらく継続していくこととなる。野地先生が私に『教育話法の研究』をくださったのは、まさに「啐啄」の呼吸であったように思われる。

自身の怠惰で、その後の研究が進んでいないのは恥じ入るばかりであるが、最近、「教師の話し方がこういう形で子どものことばを育てるのだ」と思われるような授業を見せていただいたので、それを紹介し、教師の話し方の重要性の一端を確認したいと思う。

授業の概要は次のようである。

小学校一年一月「みんなにつたえよう」（徳本真由美教諭指導）

●学習指導計画

第一次　みぶりであそぼう　二時

第二次　みぶりでつたえよう　十一時

第三次　みぶりをつかってはなそう　九時

●本時の目標――日常生活の中でよく使う身ぶりを紹介したり、身ぶりのはたらきについて考えたりする。

●学習の実際――それぞれが記入した「どんなとき」と「どのようなみぶり」の二枚のカードを

提示しつつ、各自が見つけた身ぶりを紹介する。紹介しながら、その身ぶりを、「ことばの代わりをする」「ことばと一緒に使うと、伝えたいことが相手にはっきりと伝わる」「ことばよりも気持ちを強く表す」という三つのはたらきに分類する。まとめとして、気づきを話し合い、感想を書く。

以下はこの授業の授業記録の一部である。

［A］

児童：はじめましょう。

教師：座ってください。

さあ、いくよ。みんな、身振りで伝えるのなかで今日は、

児童：見つけた身振りを紹介しあおう。

教師：すばやいね。そう。しあおう。紹介するだけじゃない、しあう。みんなで、ねっ、ああ、それはこうだなとかって、言いあいっこするね。それでは、身振り、どんなはたらきがあったかな。身振りのはたらき。

児童：ことばの……

教師：高松さん。

児童：**はい。ことばの代わり……**

教師：**です。**

児童：です。

教師：はい。ことばの代わりありました。ありましたねぇ。さぁ……

授業の始めである。文末の「です」まできちんと述べきることを子どもに要求している。話すことの指導と同時に、学習規律という側面として、授業の始まりには有効である。

［B］

教師：この辺に張っとこうかな。ことばと一緒に伝えたら、伝えたいことがはっきり伝わる。もうひとつありましたね。はい、近藤さん。

児童：はい。自分のことばを一緒に使うことです。

教師：うん、一緒に使ったらどうなるのかな。うん、これ一緒に伝えたいことやからね。もう一つあるかな。もう一つ。三好さん。

児童：はい。（不明）

教師：ちょっと、もうちょっと、

児童：自分のことばを一緒に使うと、自分の伝えたいことが相手にはっきりと伝わる。

教師：**あっ、三好さん、これでした。**もう一つあったね。さぁ、三つめも……

三好さんがうまく答えられず、他の児童が答えたことに対して、「あっ、三好さん、これでした」と、三好さんに確認している。答えられなかった児童を責める感じになっていないことに注目したい。

[C]

児童：もう一回してください。
児童：安井くんと同じじゃない？
児童：ひらめいたとき。
児童：わかったとき手を叩く。
教師：あっ、同じなのに、同じなのに、同じやけど、ちょっとこっち側になってごめんね。いい考えが浮かんだとき、わかっただけじゃなくて自分がピンってひらめいたとき。
児童：**発明するときにひらいたとき。**
教師：**ひらめいた。開いたじゃない、ひらめいた。**
児童：ひらいた？　とびらが開く。
教師：**こっちね。はい。似てるけど、ちょっと違っとったね。はい、ありがとう。はい。でも、さっきね、よう覚えとったね。**

「ひらめいた」を「開いた」とまちがえた児童に対して、即座に訂正し、「似てるけど、ちょっと違っとったね」「でも、さっきね、よう覚えとったね」と、うまくフォローしている。

［D］

教師：わからないねぇ。

ずっと前に、りさちゃん、なんかいいこと気がついとったね。みんなこれ言って。りさちゃんが一番最初のとき、国語の本読んで気がついたんやけど……。

児童：全部手を使う。

教師：**全部じゃないけど、手を使うのが……？**

児童：ほとんど。

児童：多い。

教師：多いねぇ。

児童：ほとんど。

教師：**ほとんど。いいことばつかう、ほとんど。**

児童：腕も。

教師：腕も。腕とか手とか使うのが多いねぇ。はい。

「全部じゃないけど、手を使うのが……？」と、正確なことばを誘導し、「ほとんど。いいことばつかう、ほとんど」と、「ほとんど」ということばを導いている。こういう誘導によって、ことばが定着していく。

　こういった教師のことばの配慮が、話し方、語彙の獲得等、子どものことばを育てていく。子どもがことばを獲得していくのは、決して国語科の「学習目標」に示された内容の学びからのみではない。教師のことばのこういった機能に、自覚的な教師でありたい。

　近年、評価規準の明確化、指導と評価の一体化などのことばによって、指導事項を明確にしていくことが求められており、それはこれまでの反省に基づいた一つの蓋然性のある動きであることは認めるが、一方で、学びをシステマティックに考える傾向とも通じるものを感じている。

　抽象的な物言いになるが、現実の教室での子どもの学びは、もっと混沌としたものである。その混沌の中で、子どもたちは「必ずしも計画に載っていない多様なもの」を身につけていることを忘れないようにしたい。

2 学習指導能力としての教師の話し方の自覚

教師の音声表現が、国語の学習指導に限らず、学習指導全般に大きな影響を与えることは、教壇に立つものであれば誰しもうなずくことができるであろう。

蘆田恵之助は、その七変化の教式（読む・解く・読む・書く・読む・解く・読む）のうち、どれかを省略せざるをえないとしたらどうするかという古田拡の質問に答えて、結局最後に残るのは三番めの「読む」、すなわち「教師の範読」であると言った。蘆田の範読は「着語」という教師の寸言をはさむもので、一般的に今日言う範読とは異なるが、教師が子どもに「読み聞かせる行為」が、国語科学習指導上大きな意味あるいは効果を生み出すと考えていたことは疑いない。その「読み聞かせ」の巧拙は、当然、指導の成果そのものに影響する。

教師の音声表現が、とりわけ国語科学習指導においては、「指導の方法」そのものとしても機能することが了解される。

教師の話し方が研究として正面から取り上げられたのは、野地潤家先生の『教育話法の研究』（柳原書店　一九五三）であった。そこでは、「教育話法」が「公的生活に立つ教育者としての話法（専門話法・職業話法）」と定義され、体系的に多様な考究がなされている（『教育話法の研究』は一九九六年に『教育話法入門』として書き改められ、明治図書から出版されている）。

その後、『教師の話しかた技術』（大久保忠利・小林喜三男　明治図書　一九五九）が出版され、古田拡は『教師の話術』（共文社　一九六三）を著し、国語教室の具体に即して教師の話し方を論じた。

さらに、

- 『教師の話し方・その基本』平井昌夫（明治図書新書8　一九六七）
- 双書・教師の話し方『1どんな話し方がよいか』臼井勇・青木幹勇、『2わかる授業を創る話し方』原栄一・氷上正、『3子どもを育てる話し方』小林喜三男・野崎担良（いずれも明治図書　一九八〇）
- 授業技術としての話し方入門『1教師の話し方　どこを改善すべきか』加藤陽郎（明治図書　一九八二　以下異なる著者でシリーズとして全八巻）
- 現代言語表現シリーズ『6教師の話し方・学習指導編』荒木茂（明治図書　一九八二）
- 『授業の話術を鍛える』野口芳宏（明治図書教育新書76　一九八九）

等、一九八〇年代にはこのほかにも多くの「教師の話し方」に関する出版があった。この時期に「教師の話し方」についての問題意識が高まっていたことがうかがわれる。

近年では、前述の『教育話法入門』のほか、

- 『教師の話力を磨く』高橋俊三（明治図書　二〇〇六）

がある。

教師の話し方は、常に現場教師には潜在的には意識され、また、これまでみてきたように研究的にも一定の歴史があり、教育の課題としては認識されてきたといえる。しかしながら、例えば教員養成の課程に「教師の話し方」が制度的に位置づけられているわけではない。実質的にも、教育実習などでどれだけ自覚的になることができるかが期待されている程度であろう。またそれは、「声の大きさ・速さ・表情・身振り手振り」といったレベルで語られるにとどまるように思われる。

教師の話し方について、私はその意義を、国語科教育の立場から、
①学習の成立と活性化
②学習材そのもの、また学習材提示の方法
③子どもの音声表現のモデル
としたうえで、その形態を「講義（説明）・発問・指示・助言・範読・司会・応答・描写（お話）」と分類して考察してきたが、そこでは（「範読」は少し意味合いが変わることがあるが）常に、「どう話すか」という問題の前提に、「何を話すか」ということがついてまわる。

いうまでもなく、国語科学習指導においては、「何を話すか（伝えるか）」が第一義に問題である。「どう話すか」は、第二義的な問題である。しかし、「何を話すか」が明確になれば「どう話すか」は問題にならないのかといえば、決してそのようなことはない。場合によっては、「どう話すか」がきちんとしているからこそ「何を」が生きてくることもある。

特に、例えば発問など、学齢が低い学習者であれば、「何を取り上げ、問題にするのか」という

学習材研究のレベルで発問ができるわけではない。「どういう言いまわしで尋ねるのか」「どういうタイミングで、どのような抑揚や身振りで話すのか」などが十分に考慮され、表現されて初めて、発問として機能する。簡単に言えば、教師は常に演技者である側面をもつということである。

小学校の教師は、こういったことを学習者との関係で自然に身につけていくところがあるが、これは実は、学齢が高くなっても必要なことである。

問題はおそらく、「何を話すか」ということと「どう話すか」ということが切り離されて論じられてきた傾向があるということではないか。「どう話すか」を論じると必ず「何を話すか」のほうが問題だといわれる。それはむろん認めるけれども、「どう話すか」をどのように指導能力として身につけるかがあわせて問題にされることはまずない。

こういった教師の話し方の「内容」と「方法」について、これまで論じられてこなかったわけではは必ずしもないが、「何を話すか」ということと「どう話すか」ということを切り結んで、学習指導の能力として捉える視点は、特に教員養成段階において十分であるとは言いがたい。

教師の実践的指導力の向上をいうとき、教育話法が普遍的な「教育の方法」であることに思いを致し、その自覚を高めていきたい。

3 指導法としての教師の話しことば
―「応答」を中心に―

一 「応答」の場面と対応

話し合い学習、あるいは問答の場面での「応答」を次のように捉えることは可能である。

すなわち、学習者の、

- 発問に対する答え
- 自発的な質問（問いかけ）
- 自発的な発言・発表
- 教師の指示に基づく音読や発表等
- 不規則発言

などに対し、

- 司会的対応
- 評価的対応

●指示的対応

をする場面である。*1

このうち特に、「そうだね。本当だね」「いい意見が出たね」などの評価的対応は、学習者の意欲の問題としても重要な意味をもつ。

二 「復唱」の意義

話し合いや問答の場面において、教師が学習者の発言を繰り返すことは多い。一般に「復唱」というが、近年は学習心理学の立場から「リヴォイシング」ということばで言及されることも多い。

尾之上高哉らは、

「リヴォイシング（revoicing）」（O'Connor & Michaels, 1993）と呼ばれる、子どもの発言に対して教師が行う言い換えと確認の行為や、「リフレクティブ・トス（reflective toss）」（van Zee & Minstrell, 1997）と呼ばれる精緻化や反省的思考を促すために教師が行う追加的な質問、意図的に教師が沈黙し子ども達が思考するための間を生み出すこと（Tobin, 1987; van Zee et al. 2001）等の重要性が指摘されてきた。これらの働きかけは、1）授業における談話の構造や流れを調整することで、子ども達にじっくりと思考する機会を生み出す、2）発言を相互に関連付けて差異を明確にすることで、クラスの中に新たな疑問を生成する、3）話し合いの場における子ども達の立場や役割といった「参加者枠組み」（Goodwin, 1999）を構成する、等の機

能を持っていると考えられる。＊2

と先行研究をまとめている。

ここで言及されている教師のことばは、応答のみならず、助言や発問にもかかっていくものであるが、こういう着眼によって学習の成立を考えようとしている点は興味深く、有効であると考えられる。

三 指導法としての「復唱」

一般には復唱は、子どもの発言を教師が繰り返す行為をさすことが多い。そういう意味の復唱については、「教師の復唱に頼って子どもの発言をお互いに聞かなくなる」「正確に再現できる保証がなく、教師が誘導することになりかねない」などの批判がある。確かに、復唱がなくても話し合いが成立するような学習環境・習慣ができていれば、それはそれに越したことはないし、目ざす姿としては当然である。むしろ教師の復唱が「余計なお世話」になることのほうが問題であろう。

しかし、経験的に言えば、確かに子どもがはっきり発言している場合は復唱の必要はなかろうが、しどろもどろであいまいな発言をしている場合、子どもによっては「きちんとまとめて発言し直しなさい」とは言いづらいことはある。そういったとき、教師がうまくまとめて言い直してやることで、周囲の子どもも納得し、何より発言した子どもが「自分が言いたかったことはそれなんだ」と確認し、うれしそうな顔をすることはあり、それはそれで教育的な営みであろうと思われる。

復唱を必ずしも否定的に捉える必要はない。

さらに、古田拡は次のような指摘をしている。

もし、復唱をするとすれば、不十分な答えに対しては、「そうだ、そのとおりだ」と言っておいたのち、その子のことばを今度は正確な表現に言い直してやる。あるいは、別の生徒に、「今言ったことを正確に言ってみなさい」とか言って答えさせてやるというようなことなどをすれば、これは聞き方の練習、正確な表現への関心を向けるということにもなって、平板な授業をまぬがれることができるのである。

復唱するにしても、その答えに対しては、補説的なものをさらにその上に加えてやることである。たとえば、伝記で「今から何年ぐらい前のことである」という語句が出ていたとする。教師のその問いに対しては、児童は本のとおりに答えるであろう。「よし、そのとおり、正確に言えば、今年は一九六×年だから何年前だね。ちょうど君たちのお父さん（あるいはおじいさん）の生まれたころのことだね」と言ってやれば、観念的なことばが急にその一言でぐっと自分たちの身近なものとなり、親近感を増してくるのである。ところが、こうした補説の研究が、今は不足している。[*3]

このような視点から復唱を考えれば、それは理解の深化のための学習指導の方法であり、子どもへの配慮、学習態度の育成にとどまらないものとして捉えられる。

◉注

＊1　拙稿「国語科教育実習における話法の問題2―応答を中心に―」（『教育学研究紀要』第30巻　中国四国教育学会　一九八四）に詳述。

＊2　尾之上高哉・丸野俊一・松尾剛「学びあう授業の実現に向けて、教師は如何に談話方略を運用しているのか」（『教授学習心理学研究』第7巻第2号　日本教授学習心理学会　二〇一一）

＊3　古田拡『教師の話術』（共文社　一九六三　六九ページ）

4 豊かな教室コミュニケーションの成立

一 「教室はまちがうところだ」

ある中学校一年生の授業を見せていただいたときのことである。

授業の始めに生徒全員で「教室はまちがうところだ」（まきた・しんじ）という詩を群読していた。声がよく出ていて、実にみごとな読みであった。一年生の五月という時期だからこそ成立しやすい学習なのかもしれないが、その後の授業展開（班ごとの群読発表）でもその詩の趣旨が生かされている感じで、生徒たちがのびのびと自己を表現している。個性的な先生であったが、生徒たちはその個性とのやり取りを楽しんでいるようにもみえた。私はその教室に、温かいコミュニケーションが成立している点で好感と期待をもった。

「教室はまちがうところだ」という趣旨を全く否定する教師はいないであろう。それぞれの子どもたちが、それぞれに精一杯発言し、それらをぶつけ合いながら学習を進めていく姿を否定する教師もいないであろう。しかし、現実の一つ一つの事象に照らしてみると、私たちは、例えば発問したとき、無意識に正解を期待し、正解以外を厄介者扱いするような姿勢で対応しているというところはないか。正解の子どもはよくできて、不正解の子どもはそうではないと、無意識のうちに判断しているところはないか。

私たちは「教室はまちがうところだ」と言いながら、そしてそういう教室でありたいと口では言いながら、無意識のうちには自分の都合のいい学習展開になっていくことを期待してしまうところがあるように思われる。おそらく、学習指導面に限らず、生活指導面においても同様のことが起こっている。

私自身、中学・高校の教員時代、そうであったとまちがいなく言える。私の場合、「教室はまちがうところだ」という意識さえ危うかったのである。その意味では、右の物言いは私自身の反省以外の何ものでもない。また、先の中学校の先生は、「教室はまちがうところだ」ということを具現化しようとがんばっておられる点で、私には印象的であった。

一般には、小さい子どもに向かう教師ほど、まちがいに対する許容性は高い。幼児教育では、子どもの現在の姿・状態を百パーセント受け入れるところからしか始まらない。高校生にもなると、教師はどうしても、「高校生にもなってこの程度のことしかできないか」といった意識をもってしまう。中学生・高校生の教師との関係と、幼稚園児の教師との関係の違いは、決定的にはここにある。幼稚園児は、自分の存在そのものを「先生」に預けている。そこでの生活は、ある意味「まちがいだらけ」で成立している。

「教室はまちがうところだ」という学級観、学習観は、複数の学習者が関わりあい、磨きあい、高まっていくという、きわめてまっとうな教室の姿を求めているものである。それは、考えたことをなんでも話し、聞くというコミュニケーションの成立を前提としている。そしてまた、なんでも話せ、なんでも聞いてもらえるという安心感に支えられている。さらに言えば、そういった教室コミュニケーションの成立は、国語科における話し合い学習の成立の基盤であると同時に成立の姿である。

二 問題の整理

教室のコミュニケーションが豊かに成立するということは、国語科に限らず、学習全体の基盤に関わることであるが、国語科の立場からみれば、それは、話し合うことの実の場の成立という点で、代えがたいコミュニケーション体験の場ともなっている。そこでの子どもたちのことばの育ちの重要性に思いをはせたい。

教室コミュニケーションの成立は、学習の基盤であるとともに、コミュニケーション能力育成の重要な場となっている。むろんそれは、音声言語によるコミュニケーションだけの問題ではない。

そういった教室コミュニケーションの成立がどのように可能かということを追究しようとすると、議論はえてして、「学級経営の力」「子ども集団の形成」という方向に流れていく傾向がある。最後には「教師の人間性」のようなところに帰着させるような、大雑把な論議になることもある。

教師の学級経営能力や人間的な豊かさが大切ではないなどというつもりは全くないが、問題を「人間性」のところにもってきてしまえば、そこで議論は終わってしまう。その議論は、教育の本質に関わることを確認したうえで、また別の文脈に委ねたい。

国語科学習指導を念頭に、教室コミュニケーションの問題を捉えると、その典型には、話し合い学習場面を想定することができる。

一般に、国語科学習指導において話し合いが成立するためには、

- 話し合う値うちのある話題や課題

が必要であり、それは、発問や課題作りの工夫の問題として捉えられる。それを前提として、話し合い活動の展開のためには、先に述べた「教室はまちがうところだ」といった、

- 教室の支持的・受容的風土

を欠くことはできまい。

同時に、話し合い活動の展開のためには、

- 教師の司会能力

が、意外に大きく作用しているのではあるまいか。

三　教育話法としての「司会」

私は、教師の話し方、すなわち教育話法を、

説明・発問・指示・助言・司会・応答・範読・描写（お話）

のように分類して考察している。

このうち「司会」は、例えば班別の発表の進行を行うような司会のみではなく、話し合い学習に

おける調整役としての司会を念頭においている。

今日の学習指導のあり方を、教師の一方的な説明・解説から、学習者の課題発見・解決という方向への転換と捉える視点が、少なくとも一面の真実であるとするならば、その解決過程場面の一つとして学習者の話し合い場面が想定される。むろんその司会進行は、学習者に委ねることも可能ではあるが、教師によってこそ充実が図られるということもある。

そういった話し合い場面において、教師の調整的な司会技術は、話し合いそのものの成否や充実に大きな影響を与えることは疑いない。

しかし、その教師の司会能力は、必ずしも明確に自覚されてはこなかったし、教師の能力として分析的に捉えられてもこなかった。

四　司会者としての教師

一般に、コーディネーターとしての司会者は、その場でいちばんその話題について造詣が深い人物が担う役割であるといわれる。そうだとすれば、教室における話し合い場面の司会者としては、教師が最適だということになろう。教師には、その話し合いの内容についての理解も、話し合いの方向への展望もあり、また、そこにいる子どもたちの理解も、いちばん進んでいると考えられるからである。

平井昌夫は、一般的な司会者の人間的な資格として、次のような点をあげている。[*1]

(1) ひろい常識と視野がある。
(2) 性格がかたよっていたり、ひねくれていたりするようではない。
(3) 万事について公平無私な性格である。
(4) その場の空気を察知して、すぐに気分転換がはかれる。
(5) 部分や一部に気をとられて全体を見うしなうような人ではない。
(6) 感情をすぐに顔やコトバにろこつにあらわしたり、皮肉やあてこすりを言ったりしない。
(7) その論題なり話題なりについて権威であるか、くわしく調べる習慣がある。
(8) 自分の意見や立場をはっきり言い出さない。
(9) 問題への解決をすぐにきめるのではなく、解決への話し合いがじゅうぶんにできるようみちびいていける。
(10) 発表者なり演説者なり発言者なりと同格か、それ以上の人物である。

司会者としての資質が右のように語られるとすれば、子どもたちの話し合いを有意義に展開するためには、教師が司会するほかはないということになろう。事実、司会の仕方についての学習機会以外では、子どもに司会をさせる機会はそんなにあるわけではない。

しかしそうはいっても、この司会者の資格は、いわれればその通りではあるが、教師の日々の営みへの要求としては、ずいぶんと厳しい感じを受けるのではないか。もしこれを充足する教師がいるとすれば、そのときは「教師の人間性」といったことはおそらく問題ではなくなる。逆に言えば、話し合い学習における教師のもつ役割は、これほどに大きいというべきなのである。司会者としての役割の自覚が求められる。

五 「司会」のあり方

1 「司会」の役割について

私は以前に、教師の司会的な役割について、次のようにまとめたことがある。[*2]

①課題の提示
②聞く態度の指導
③問題の焦点化
④論点の整理
⑤発言への対応
⑥発言者の拡大
⑦まとめ

これらにはそれぞれ説明を加えているが、「①課題の提示」は、発問の形をとったり、学習者が捉えた課題を明確にしたりといったものになる。この課題についての、「興味・関心」や「論点の明確性」が、その後の話し合いの成否を握ることはいうまでもない。

「③問題の焦点化」「④論点の整理」は、話し合いの筋道を明確にし、内容を充実させるために欠くことができない作業であるが、子どもの発言の内容とその意図をどれだけ整理しながら受けとめることができるかが問われる。ある意味では、教師の論理的思考力と聞く力が試されるところである。

「⑦まとめ」は、話し合い全体のまとめもあるし、流れを整理するために行われることもある。しかし、学習としての話し合いの場合、一人の子どもの発言をまとめ直してやるということも重要な視点である。子どもの発言は必ずしも整理されたものではない。それをうまく整理してやれば、「自分が言いたかったのはそういうことなんだ」「そういうふうに言えばよくわかってもらえたんだ」という形で、発言した子どもの学習機会にもなるし、そのことで子どもが自信をもったり、充実感を味わったりすることにもなる。

むろんそこに、子どもの意図を汲むとか、子どものことばから大きく逸脱しないなどの限定が加わること、また、そういうまとめをいつでもするわけではないことはいうまでもない。

これらは、司会者としての教師が、話し合いを進めていくうえでの「整理的な役割」を要求されている部分である。

これらの「整理的な役割」に対して、そのほかは「指導的な役割」ということができる。

「②聞く態度の指導」は、「静かに聞け」と叫ぶのでは意味はないが、「今、Aさんがおもしろいことを言いましたよ」「今のBさんの意見は、さっきまでの発言とちょっと違ったね、もう一度言ってみてもらおうか」などの助言が有効に機能することが望まれる。

「⑤発言への対応」は多様な形がありうるが、発言を尊重し、受けとめる態度が必要であると同時に、いい加減な態度や発言に対して毅然と対応することも必要な場合があろう。そういった点が、

「学習場面」であるゆえんとなる。

これらのことは改めて言うほどのものではないかもしれない。しかし、現実にこういったことが教室の話し合い場面でできているのかどうかと言われると、意外と自信はないのではあるまいか。授業を見せていただいて、「あの子のあの発言をさっきの流れにつないでいけば、うまく展開したのに」とか「あの子の発言の意図を、別の形で捉えてやれば、話し合いも進んだし、あの子も満足しただろうに」といった感想をもつことは珍しくはない。そのように考えることが、授業をしながらは難しいことは当然だが、今が十分ではないかもしれない、また、教師の授業展開力として必要な力であるという意識化は必要ではあるまいか。

2 「司会」の態度について

古田拡は『教師の話術』[*3]において、次のように述べている。

話しじょうずは聞きじょうずということばを教室において考えると、児童・生徒をしていかに活発に語らせるか、そのためには、いわゆる評価意識を捨て、各人のことばを、それぞれの性格、環境から必至に出てきたものとして、まず、絶対的立場において教師が聞いてやるということ、それが人間形成の上から考えても、学級づくりの上から考えても、さらに基礎学力養成の上から考えても、必要なことなのである。この点は、現在いくら声を大にして叫んでもいいと、わたしは思っている。現在の教師は、あまりにも評価意識にとらわれすぎている。それぞれの児童・生徒をある一定の尺度から比較して考えるという差別感におちいっているのである。

これは、「問答」の話術を「人間形成・学級作り・基礎学力の養成」のための重要な力として取り上げたうえで、「問答」場面における教師の態度について述べられたものである。

子どもたちに活発に語らせるためには、教師の「評価意識を捨て、絶対的立場をとる」ことが必要だという。これは今でいうカウンセリング的な態度と共通する。古田は「問答」を念頭に、子どもたちへの対応の仕方として記しているが、これは、現在の教室状況に対しても十分あてはまることである。まず口を開かせる、そこから学習が出発すると考えれば、「問答」が「話し合い」となっていくことは自然であり、そのとき司会者として機能する教師の態度は、話し合いの雰囲気や展開に大きく影響することは疑いない。

そういった態度は、人間性のレベルで語られる部分もあるのであろうが、教育的な技術（授業展開力）として受けとめることも可能であるし、技術・能力として受けとめる部分をもたなければ、その向上がおぼつかないものになる。

またこの問題は、教師の態度という視点からも重要であるが、それを「聞く力」という視点から組み立て直して考えることもできよう。

さらに、学習指導という側面からは、受容的な態度だけでなく、評価的な態度がどういった場面でどのように必要かという問題もないわけではない。

おわりに

国語科学習指導において、教室コミュニケーションが豊かに展開されること自体が、言語活動の習熟という意味でことばの力につながるし、多様な学習が本当の意味で身についていくための前提条件となるのだと考えられる。そのことによってこそ、教室で本当の言語活動が営まれるのであり、また、教室が「実の場」として機能するのである。

学びの場としての教室における豊かなコミュニケーションの展開、それを支える教師の具体的支援のあり方を、「司会者としての教師の役割」という視点から見直すことは、決して遠回りする道ではないと思われる。

◉注

＊1　平井昌夫『話しコトバの機能』（光風出版　一九五五　二六二～二六三ページ）

＊2　拙論「国語科における教育話法の研究―司会のばあい―」（『教育学研究紀要』第二部第33巻　中国四国教育学会　一九八八）

＊3　古田拡『教師の話術』（共文社　一九六三　四八～四九ページ）

Ⅱ

教材研究への アプローチ

1

梅崎春生における「かるみ」
―『蜆』の分析をもとに―

国語科教材研究を、教材の分析・学習者の把握・指導法の工夫の三点から捉えるとすれば、文学教材の分析は、「何が描かれているか・何を受けとめることができるか」という作品研究と、「何を教えることができるか・その値打ちはいかほどのものか」という教材価値の析出の二点に分けて考えることができる。国語科教材研究としての作品研究は、できるだけ作品のことばに立脚しつつ、教材価値の析出を見据えて、その作品の特質やおもしろさを明らかにするものでありたい。

本論稿は、梅崎春生『蜆』の作品研究を、右のような位置づけのもとに行ったものである。

一

梅崎春生は一九三九年の『風宴』の後、軍隊経験を経て、一九四六年、『桜島』で作家として本格的にデビューした。戦後派作家としての華々しい活躍の後、『ボロ屋の春秋』で一九五四年下半期の直木賞を受賞している。この受賞については、すでに作家として名をなしている梅崎にいまさら直木賞とは、という議論と、なぜ梅崎に芥川賞でなく直木賞なのかという議論があったと伝えられている。

『桜島』から『幻化』に至る梅崎の作品をみたとき、その総体を直木賞に値する大衆文学の範疇に規定することができないことはいうまでもない。また、作家の履歴として『ボロ屋の春秋』を中心とする時期の作品群が一時期大衆文学化したということにもならないだろう。しかし、なぜ直木賞なのかという議論については、梅崎の作品そのものに直木賞の対象となるような一種の「かるみ」が存在していたことは否定できない。

夫人は終始仏頂面で飯をかっこんでいました。酔った翌朝のことですから、味噌汁が非常においしかった。またつくり方も上手でした。旨い味噌汁をつくる女性は世帯持ちがうまい。そういうことをよく耳にしますが、そうだとすればこの不破夫人は、仏頂面はしていても、きっとやりくりが上手に違いありません。僕はそのワカメの味噌汁を三杯もお代りをしました。(『ボロ屋の春秋』講談社文芸文庫　二〇〇〇)

見知らぬ男と酒を飲んで酔っ払い、その男の家に泊まった翌朝という物語性もさることながら、引用の末尾の一文などは、少し調子にのったとも思える描写である。書きすぎて作品の部分に破綻を生じたとまでは言わないが、描写の振幅を増すことで読者の意識を駆り立てようとする手法にはちがいないだろう。

最終的に『幻化』に至る梅崎に、一時期こういった「かるみ」が生じたのはなぜか。本稿では梅崎の初期の短編『蜆』を分析することで、『ボロ屋の春秋』的な「かるみ」へ至る資質について明らかにしたい。

二

『蜆』は一九四七年十二月、「文学会議」に発表された。戦後の出発としての『桜島』から一年あまりの時期で、この時期の代表的な短編といってよい。

『蜆』はとりあえず一人称の「僕」で語られる。

酔っ払って電車に乗っていた僕は、偶然隣に座っていた同じく酔っ払いの男から外套をもらうことになる。二、三日後に偶然二人が出会った後、一週間ほどして、渋谷の地下鉄終点で酔って寝ているときに、僕は男に外套を奪い取られる。さらに二、三日して、その男に駅前の広場でばったり出会い、僕は男が船橋に行った時の話を聞かされる。

以下は男が「俺」という一人称で語る内容である。

外套を取り返した翌日、仕事を探しに船橋に行ったのだが、その帰り、大変な混雑の電車から闇屋らしいおっさんが落ちて死んでしまった。そのおっさんは入口近くにいた娘に場所を代わったためにそんな目にあったのだが、その娘はおっさんの転落を見て声を立てて笑いこけていた。おっさんが残したリュックを担いで家に帰ってみると、中身は蜆だった。俺は夜中にリュックの中で押し合いながらプチプチと啼いている蜆の声に聞き入りながら浅墓な善意や義侠心を心から締め出して、生きていこうと思った。

その話の後、二人は外套のポケットに残っていた蜆を肴に、ぐでんぐでんに酔っ払って別れるのである。

この作品の構成はそう簡単ではない。時間的な流れが「僕」と「俺」とで交錯するし、語り手も、「僕」が「俺」の話を聞くという形ではあるが、途中完全に「俺」に取って代わる。その完全な変化のために、『蜆』の場合、プロット自体がわかりにくくなっていることは事実である。

さらに作品構造として、この物語の中心が、途中にはさまれた形になっている「俺」の話にあるというわかりにくさもある。この構造は、漱石『こころ』と似たもので、『こころ』よりさらに挿話にウェートがかかっているといってよいだろう。あるいは「俺」の話を中心とした「入れ子型」構造ということもできると考えられる。

三

さて、入れ子の中身になっている男（俺）の話はどのような意味をもつものか。その話の中心は、ここで語られる人物の対比構造によって捉えられよう。

「俺」は闇屋に落ちるには良識や教養がありすぎると自覚する人物であるが、自分の外套をある男（僕）から奪い取ったと認識するところから、闇屋にでもなろうかという荒んだ勇気を感じる。ここにあるのは、悪いことをしてでも生きようという盗人の勇気である。（「職に就かなきゃ女房子供が飢えるからな」）

電車の中の闇屋らしいおっさんは、「善人らしい顔付」の「義侠心の過剰な人物」で、入口近くの場所を娘と代わってやるという善行によって、結果的に命を落とす。対して娘は、自分の身代わりとなったおっさんの死を「キイキイという金属的な笑い声を立てて笑いこけた」のである。

また、もうひとつのエピソードとして、「俺」の会社の解散会の様子が語られるが、そこでは「もともと非常に狡猾な」人物である会計係の老人が登場する。彼は会社の金をごまかしていたことを暴露されて、みんなに殴られるが、「善いことのみを行え」「困った人を見れば救ってやれ」「人に乞うな」と自分に言い聞かせる「俺」は、「何の喜びもなく」老人を駅まで送ってやる。しかしそこで老人は黄色い歯をむき出して「お前さんは善い男だよ」と嘲るような笑い顔でささやいたのである。

このようにみてきたとき、善意としての俺・おっさんに対して、悪意としての娘・老人の位置づけは明らかである。闇屋らしいおっさんが線路に落ちた後「俺はなぜか笑いが止度もなくこみあげてくるのを辛抱できなかった」とあるが、その笑いは直前の娘の笑いとは本質的に異なる。「俺」の笑いは、会計係の老人に「善い男だ」と言われた時のことを思い出しながら、おっさんに自分の姿を重ねて、善良さや善意が結果としてなんにもならないということを自覚する、いわば自嘲の笑いなのである。

家に帰った「俺」は床に入り、次のように考える。

あんな気紛れな義侠心を起こした代償に彼が得たものは、ひとつの外套の釦と、それと非業の死だ。他人の同情すら捷ち得なかった。今俺の頭の中で、あのおっさんと、殴られた会計係と、ケラケラ笑い続ける娘と、お前と、それから俺を取り巻く色んな人と、俺をも含めた一つの系列が、平面の中の構図として、俺に働きかけて来るのだ。

ここでいう「平面の中の構図」が、単純化すれば、善と悪の対立の構図であり、「俺」が自覚していることは「善意あるいは偽善の破綻」であることは疑いなかろう。しかし梅崎はこの構図をそういった単純なもので終わらせてはいない。

おっさんが落ちる時の様子は次のように描かれている。

おっさんの指は棒から脆くも外れ、必死の力で俺の外套の胸をはたいた。思わず俺は片手でそれをはらいのけたのだ。おっさんは獣の鳴くような声を鋭く残して、疾走する車体の外へぶわぶわと落ちて行った。俺は全身が燃え上るような感じで扉口にしがみつき、両足でしっかりリュックをはさみ込んでいたのだ。

ここにあるのは、「思わず」無意識に（おっさんは死んでも）自分の体を守ろうとし、同時に意識的に「両足でしっかりリュックをはさみ込んで」いる「俺」の姿である。無意識的にせよ、意識的にせよ、自己保身であり我欲の現れであることにちがいない。そういう流れの中で、「俺」はなんの背徳感もなくリュックを担いで帰る、つまり横領するのである。

話の最後に「俺」は次のように言う。

おぼろげながら今掴めて来たのだ。俺が今まで赴こうと努めて来た善が、すべて偽物であったことを。喜びを伴わぬ善はありはしない。それは擬態だ。悪だ。日本は敗れたんだ。こんな狭い地帯にこんなたくさんの人が生きなければならない。リュックの蜆だ。満員電車だ。〈中略〉俺達は自分の幸福を願うより、他人の不幸を希うべきなのだ。〈中略〉俺達が生物である以上生き抜くことが最高のことで、その他の思念は感傷なのだ。〈中略〉浅墓な善意や義侠心を胸から締出して、俺は生きて行こうとその時思ったのだ。――

「俺」はその認識の通り、不当に手に入れた蜆を街角に並べ相当の金を得た、というところまでが「俺」の話である。

「俺」は話を終えると「翳の多い笑いを頬に浮べた。」と描かれる。この時「俺」がたどり着いた思念はおそらく、人間の無意識の中にある悪意の認定であり、本質的な善意の否定である。そういう醜悪な構図の中で、リュックの中の蜆、満員電車の乗客のように生きていかねばならないという現実の確認と、その中で生きていこうとする意志の自覚である。

こういった現実認識・人間認識は戦後という時代背景の中では特に珍しいというものでもない。太宰治は『ヴィヨンの妻』で「人非人でもいいじゃないの。私たちは、生きていさえすればいいのよ。」と妻につぶやかせ、坂口安吾は『堕落論』で「生きよ墜ちよ、その正統な手順のほかに、真に人間を救いうる便利な近道がありうるだろうか。」と訴える。それはある意味では、戦争を経た日本人の共通する意識の代弁でもあったはずである。つまり、時代の中で絶望を共有するという意識がそこには存在する。だからこそ無頼派は当時の市民権を得たのではなかったか。

四

しかし『蜆』の構造は、そういった思念のレベルに読者がとどまることを許してはいない。

論者は先に『蜆』の構造を「入れ子型」であると述べた。この「入れ子型」は森鷗外の『舞姫』の構造とはその質を異にする。『舞姫』は、主人公の太田豊太郎自身が、帰国途中セイゴンの港で停泊中に、ドイツでのできごとを回想するという形での「入れ子」であり、遺恨の情をにじませてはいるが、ひとつの物語の枠組み以上のものではない。それに対して『蜆』の構造は、入れ子の中身である「俺」の物語と、入れ子の外枠である「俺」の物語とに大きく分かれている。読者はその物語の展開性に従って、「俺」の物語に意識を向けがちになるが、基本的な枠組み・語り手はあくまでも「僕」なのである。その外枠としての「僕」の物語はどのような意味をもつのであろうか。

船橋に行った「俺」の話を聞いたあとで、「僕」は次のように述べる。

「――お前が言う程の面白い話でもなかったが、しかしまあ退屈はしなかったよ」

つまり「僕」はすでにこの男（俺）の認識に達したうえで、この話を感動もせず驚きもせず、いわば当然のこととして受け止めている。現代的に読めば、この「俺」の話をひっくり返すようなことばを「僕」に期待する流れもありうるであろうが、作品はそういう流れにはなっていない。「俺」の認識を追認し、根底にある絶望をさらに深める形となっているのである。

その後外套のポケットに残っていた蜆を味噌汁にして、それを肴にぐでんぐでんに酔っ払う二人は、リュックの中で押し合いへし合いしていた蜆の犠牲によって成立している仲間であり、その姿は彼らが同じ穴のムジナであることの暗喩である。「僕等」は贋物である善を捨てて、醜悪でも生きていこうとしている。しかも、「僕と彼と駅の前で手を振って別れた」のであり、そこには連帯する形での仲間意識というものはない。単なる似た者どうしの刹那的な意気投合にすぎない関係であり、それは「ありもしない幸福を探すより、まず身近な人を不幸に突き落とすのだ」という認識の流れにある。悲しみを共有して慰めあうというような甘っちょろいヒューマニズムは、ここには存在しないのである。作品の末尾では、

その後僕は彼に会わない。彼はその後平凡な闇屋になっただろうと思う。会いたい気持ちも別段起こらない。

と言い、さらに次のように続けて物語を結ぶ。

あの夜僕がポケットに収めた黄六角の釦は、別に用途もないから机の上に放って置いたら、

先日下宿の子供が来て玩具にくれと言うからやってしまった。お弾きにして遊んでいるのを二三度見かけたが、この頃は見ないようである。もう飽きたんだろうと思う。

この作品では「僕」は人物として必ずしも十分に描かれているわけではない。しかしこの末尾において奇妙な存在感を提示する。「僕」とは一体何者であろうか。「あの男（俺）」の生きていく姿を何事もなかったかのように肯定して、その日常を生きている「僕」から感じられるのは、人間の卑小感であり、人間と社会への絶望感であり、ある種の諦観であろう。その卑小感、絶望感、諦観の深さを演出しているのが、この作品の「入れ子型」構造による「俺」と「僕」との塗り重ねであるといえる。その後の「僕」の日常の精神のありようを想像すると、そら恐ろしささえ感じられるのはそのためであるといえよう。

五

『蜆』という作品自体、人生論的重厚感で覆われた作品とは必ずしも言いがたい。話題自体も卑俗な市民生活の中に求められており、設定として非現実の大きな虚構を用いたものでもない。とはいえその印象は、例えば『ボロ屋の春秋』の「かるみ」とは異なるものがある。その違いを一人の作家の作品の比較として論ずるとすれば、絶望、諦めの転化としての明るさ、軽さという説明が最も簡単であろう。そのように考えると、私たちはいわゆる無頼派作家たちの表現資質を思い浮かべることができる。

「人間のもっとも悲痛な表情は涙でもなければ白髪でもなし、まして眉間の皺ではない。最も苦悩の大いなる場合、人は、だまって微笑んでいるものである。」（太宰治『狂信の神』ちくま文庫『太宰治全集1』一九八八）

こういう資質を、磯貝英夫氏は「おのれの疾患に徹底的に居すわって、結果的に、かるみと言えば言える一種の仙骨を獲得した」と葛西善蔵をあげて説明しているが（「無頼への意識―昭和十年代の反逆児―」『国文学』昭和四十五年一月）、創作の発露のメカニズムとしては梅崎に共通するところがあるといってよい。そういう資質の一時期の開花として『ボロ屋の春秋』を中心とする一連の「直木賞的」な作品群が生まれたと考えることができるのである。（ただし論者は決して『ボロ屋の春秋』その他の作品を「大衆文学」と位置づけているわけではない。）

むろん、こういった見方を完成させるには、『風宴』をはじめとする初期作品の検討によって梅崎自身の資質を明らかにし、無頼派作家たちとの資質的な違いを明らかにすることが必要であろう。また、資質の問題を扱う場合には戦争の影響についても考察する必要がある。おそらく、梅崎にとっては自身の戦争体験そのものが重要であるのに対して、無頼派作家たちにとっては敗戦に伴う社会の価値観の転換という歴史的事実が重要なのであり、戦後という時代の把握もおのずから異なっていると考えられるからである。

＊『蜆』の引用は『梅崎春生全集　第2巻』（新潮社　一九六六年）に拠った。

◉主要参考文献

・和田勉「梅崎春生の短編小説」(『方位』二号　一九八一年四月)
・菅野昭正「日常を見つめる視力―梅崎春生論」(『新潮』一九八六年一二月)
・川村湊「『隣人』のいる風景―戦後と梅崎春生」(『文学界』一九八七年五月)

2 これからの中学国語教科書
―可塑性のある学習材集として―

●はじめに

「教科書」というものはいろいろな意味で厄介な書物である。

「国語教科書の理想像」が、教科書編集に携わる者にしても、現場実践者にしても、ないわけではない。しかし、例えば「ことばの力を確かにする教科書」「子どもの学びの発展を保障する教科書」などのように抽象的な物言いをしている間はなんとなくまとまるのだが、それを具体化していこうとすると、なかなか意見が一致するものではない。極端な話、魯迅の「故郷」が中学三年生の学習材として適切かどうかひとつでも、研究者・実践者ともに判断が分かれるのではないか。

それなら一人で作ってもいいのだが、領域の広さや作業量からいって、とても一人でできるような代物ではないし、一人で作った「理想」が客観性をもつのかどうかといえば、さらに怪しい。結果として相当数の「国語教育関係者」および「編集関係者」がそれぞれの主義主張をもちながら関わることになる。それらが落ち着くところへ落ち着いているといえばそうなのだろうが、それぞれ多少は落ち着きの悪いものをもちながら、「完成形」を納得する。みんなが少しずつ不満足なのである。不満足な原因は、主義主張の違いであったり、学習指導要領と検定という制度だったり、あるいは、本の価格の問題も含め経済的な営みから逃れられない宿命であったりする。

そのように考えると、はたして国語教科書に理想形はあるのだろうか、たとえあったとしても、それを形として提示しうるのだろうかという疑問が生じてくる。

一　国語学習材の本質

1　学習の姿

あくまでも理屈として学習の本来の姿を想定すれば、学校における学習は、基本的に学習者と指導者と学習材によって成立する。学習は個々の学習者の能力を高め人格の形成に向かう営みであるから、個々の学習者が多かれ少なかれ能力的に差があるとすれば、学習材や学習方法は多少なりとも変わらざるをえない。つまり、本当の意味での学習は、基本的に個別の学習内容・学習過程となり、その一人の学習者に見合った学習材、学習内容、学習過程が設定されるべきものである。

一方、「いわゆる教科書」は多くの学習者に一律に「学習材」として与えられるものであり、基本的に、個々の学習者の個別の問題は反映されていない。そこに、「いわゆる教科書」というものの限界を見いだすことはやさしいであろう。

2　学習環境と教師

実際に学習が成立するために、その学習材が適切か否か（理想的か否か）は、その学習者のおかれた学習環境や学習環境としての教師の問題を抜きにしては考えにくい。端的に言えば、例えば、すばらしい朗読のCDがあったとしても、それを再生するハードが整っていなければ意味をなさない。

日本の現在の学習環境が、諸外国に比べてどうかということになれば、いろいろな比較要素はあるのだろうが、現実の実践者の意識からすれば、教室定員、教室設備など、満足いくものでは決してない。それぞれの違う学習環境の中で、一律に「理想的な国語教科書」が想定されるわけではないだろう。「この環境では生きてくる学習材」という見方ができるはずである。

また、その朗読CDをどのような流れの中で学習者に聞かせるのかといった教師の判断が適切でなければ、いくらすばらしい朗読（学習材）であっても効果は少ない。

私は昔、中学三年生で「漢詩」の授業を行ったとき、中国語の朗誦テープを聞かせたことがある。日本の短歌が「朗誦」という形で享受されているのと同じように、中国でも韻文である漢詩を朗誦して楽しんでいるということを伝えようというねらいである。その朗誦自体はレベルの高いものであったが、聞いた生徒たちは奇異に感じて、笑いをこらえるのに懸命になった。中国語の発音自体に慣れていなかったということもあったかもしれない。授業は完全に破綻である。考えてみれば、短歌の朗誦にしても、それを文化として意味づける意識がない状態で日常に現れれば、奇異に感じるところはあるであろう。

逆に、例えば宮沢賢治の「注文の多い料理店」などは、これまで小学校・中学校・高等学校と、全ての学校種の国語教科書に採録された物語である。小学生と高校生を同じ能力とみなして採録されているわけではないから、当然この作品の扱いは、教師の学習者研究、学習材研究に基づいて違うものになっていく。どのような学習材でも、「理想」かどうかはともかく、教師の手によって、学習材として適切に位置づけられることはあるということである。

3 国語学習材のあり方

いわゆる国語教科書は、学習材が集積されたものである。同時に、例えば「学習の手引き」のような形で学習内容や学習方法が示唆されたものである。その前提に立つ以上、それは「一般的な規範」でしかありえない。

しかし、学習の本来の姿は、前述のように、その一人の学習者に見合った学習材、学習内容、学習過程が設定されるべきものである。学習者の現在の能力を把握し、目標に照らして当面身につけるべき力を措定する。そしてその力を身につけさせるのに適切な学習材が選定され、効果的な学習過程が考えられるというものである。それは、誤解を恐れずに言えば、遅れがちな学習者に向かうとき、その学齢の教科書が役に立たないことがあることで十分に説明できるであろう。

そのように考えれば、理想の学習材は学習者とのきわめて個別的な関係の中からしか想定されないし、それは常に生成変化するものであって、例えば一年間という単位で固定されたものではありえないことが理解される。また、理想的な学習材は、理想的な学習環境ときわめて高い教授能力をもった教師の存在との関連で語られるべきものである。

「理想の国語学習材」を極端な形で説明するとすれば、確かな学力観に基づいて、学習者の現在のことばの力を確実に伸ばすことができると同時に、学習者の学びの成果に基づいて生成変化・発展していく性格のものであるということができる。

したがって、「理想の国語教科書」は、すでにある形としては存在しないし、それは理想の学習環境と理想の指導者の存在を前提にしているといえるであろう。同時に、理想の学習材は当然、学習指導要領の縛りを現在のような形で受けるものではないし、経済原理からも解放されたものとなるはずのものである。

二「国語教科書」のあり方

1 「国語教科書」の前提

これまで「国語学習材」の集積として想定される国語学習材集と多少区別する意味で「いわゆる国語教科書」という述べ方をしてきた。一般に使われる「検定国語教科書」という意味である。

「検定国語教科書」ということを大前提に立てないのであれば、教科書（学習材集）のあり方はどのようにでも論じられる。そのときには「ことば観」「学習観」「発達観」「コミュニケーション観」「社会観」、果ては「人間観」「人生観」にいたるまで登場し、あらゆる論点が生まれてくるものと思われる。それはそれで議論としておもしろいところではあるのかもしれないが、論点が絞れないだけに生産的でないところが出てくる。

これまでも国語関係においては、谷川俊太郎・大岡信氏らによる『にほんご』（小学一年用　福音館書店　一九七九）の試みがあり、『にほんご』は、「今考えうるもっとも理想的な国語教科書を、自由な立場で考えてみようとした」（同書の帯）ものと考えられる。当然学習指導要領にとらわれてはいない。しかし、同書の「あとがき」で、編集委員代表として谷川俊太郎氏は、次のように述べている。

私たちはこの「教科書」が、直接教室で用いられる代わりに、一人の教師の心と体にいくばくかの影響を与えることのほうを、むしろ望んでいるかもしれません。
この「教科書」はもとより絶対的なものではなく、これをどう生かすかは個々の教師のかたがたの工夫しだいです。

「あとがき」に「理想の」という文言があるわけではないが、谷川氏のこのことばは、「理想の」がいかに困難かということ、また最終的には教師の手に委ねられるものであることを編集委員自身が意識していると考えられる点で興味深い。『にほんご』は、谷川氏が願ったように国語教育現場に刺激を与えはしたが、それが実際の教科書の姿に反映されていったかというと、その刺激以上のものにはならなかったのではないか。

「理想の」ということばの元に全ての枠をはずして議論することは、言いっぱなし、聞きっぱなしになるおそれなしとしない。

本稿ではひとまず、現在の教科書が子どもの育ちにとってどうなのか、よりよい教科書といえるものになっているのかという問題意識に立ったうえで、「検定国語教科書」を大前提にし、それを一般的に理解されている「教科書」と呼んで論を進めることとする。

したがってここでいう教科書は、

- 教科書検定を通るべきもの（学習指導要領をその骨格に内包するもの）
- 学校という制度の中で必要とされているもの
- 複数の学習者が同時に用いるもの

という前提をもつものである。

それは同時に、国語教科書の価格、価格によって縛られるページ数や造本といった制約の中で考えられるものであることを意味する。

そういった前提で、以下、「現実的理想」の国語教科書のあり方について述べることとする。

2　学びの姿の想定

教科書が学びをサポートするものである以上、その前提にはどのような学びが想定されているかという問題があるといえる。

想定される学びの姿は、例えば次のような観点から考えられるものである。

- 教師による教授型の学習か、学習者主体の活動的な学習か。
- 知識・技能の習得を主たる学力とみるか、言語活動能力を主たる学力とみるか。

●個別の学習スタイルを基盤とするか、複数の学習者の協働の学びを基盤とするか。

これらはつまるところ、講義・練習型の学習か、課題解決を含む活動型の学習かという点に収束する。

学習の姿はいうまでもなく一様ではない。学習内容によって多様な姿をとるものである。しかし、基本的にどうかとなれば、私自身は当然後者の立場をとる。したがって必然的に、

ア　活動を生み出す原動力としての、学習内容や話題の魅力

イ　活動の中で身につく国語学力の見通し

ウ　活動を展開するための手順や資料の提示

が求められることとなる。

ア・イはいわゆる「めあて」として具現化されることになろう。すなわち、言語活動を行う意味が提示されるとともに、その活動を通じて身につけるべきことばの力が明確に学習者自身に示されるべきである。それは、おそらく教師による評価とも、学習者自身による自己評価ともつながっていくものである。

ウは、いわゆる「学習の手引き」や「付録・資料」として提示されるものである。これまで多くの「学習の手引き」が、工夫されながらも結果として教師の手にあるものになっていたことは否定できない。教師の支援が不要なものとまでは言わないが、学習者が何をすればよいのかがわかる程度のものにはしていく必要はあろう。

3 ― 学習材集としての性格

私は先に「理想の学習材は学習者とのきわめて個別的な関係の中からしか想定されないし、それは常に生成変化するものであって、例えば一年間という単位で固定されたものではありえない」と述べた。その考え方は、基本的には教科書という形をとりにくいものであるが、少しでも近づけようとすれば、教科書を「はじめから順番にこなしていけば、一年間はそれですむもの」という作りからは脱却させる必要がある。

基本的に教科書は学習材集であるという考え方は、決して新しいものではない。しかし現実には「学習材集」に徹した国語教科書は生まれていない。教科書を学習材とみなして学習指導を進めるには、教科書に代わる学習材を開発する能力と、一年間の中でどういう力を育てたいのかというカリキュラムについての説明能力が要求されることになる。教科書だけでは学習指導を展開できないのである。

しかし、学習者の実態を受け止めつつ、効果的な学習指導を進めるには、学習材集として充実した教科書が求められる。そしてそれは、定められた時間をこなすための分量というよりは、学習者や教師が選択していくことができるような余地をもった分量とバリエーションを有したものである。そのような学習材集は、選択、組み合わせなどにより、発展的な学習を可能にする側面をも有することとなる。

ただ、現実の学校現場の実態から言えば、四月に学習材を自分なりに一年間の見通しをもって組み替えるような余裕はない。したがって学習材集といっても、それらをどう用いるかのモデルプランはいくつか提示される必要はある。それは、文法や漢字の学習における系統性の保障にも関わる問題である。

4　教科書の可塑性と単元化の保障

「課題解決を含む活動型の学習」を標榜したとき、その行き着く先にいわゆる「単元学習」を想定することはできる。単元学習とは何かということになれば議論は尽きないが、学習者の課題意識に基づいて、読む・書く・聞く・話すという言語活動を有機的に関連させていくというレベルをひとまず合意できるとすれば、そういった学習活動を教科書にできないかと考えるのは自然である。

従来も、一通りの読む活動の後、その話題をもとに調べ学習や話す・書くの表現活動を展開するような、単元化を図る試みはなされてきた。また、「人間」「社会」などのテーマを設定して複数の学習活動をつないでいくような主題単元で教科書が構成されたこともある。

しかし、単元学習あるいは学習の単元化は、きわめて教室独自の営みなのではないか。そこにいる学習者と教師、そしておかれた環境の中で、教師と学習者が一体となって生み出すのが、本来の単元学習ではないか。単元の成立には、肌とか呼吸とかで受け止められるような学習者の切実感が必要なのである。だとすれば、教科書のつくりを単元化すること自体にある種の論理的破綻が生じることになる。教科書で設定された単元的学習は、その根本の必要観や切実感を失いがちになり、結果として活動の活性化に結びつかないおそれなしとしない。

教科書でもできる単元的な展開がないとは考えないが、それは例外的なものであろう。むしろ、単元学習、単元的な展開による活動型の学習を可能にするためには、教師や学習者が学習材をさまざまに組み合わせて学習を組織することができるような、いわば教科書の可塑性を保障することが必要なのではないか。

大村はま氏は、多様な学習材を駆使して単元学習を展開された。それほどの学習材の多様性を教科書で保障することは「現実的」にはできないにしても、その方向性をもつ教科書として、学習材集としての教科書という考え方が意味をもつと思われる。

それは言い方を変えれば、学習者の実態に即して教師が工夫をしやすくなる教科書であり、学習者に多様な触発を与える可能性をもつ教科書である。

5　手引きや資料の充実

活動的な学習になればなるほど、教師が一つ一つ指示したり説明したりする場面は少なくなる。学習者が自ら活動して課題を解決していくことが求められる。

そのとき、課題を設定するヒントを示したり、課題の例を提示したりする機能、また、課題解決のための手順を示したりする機能として、いわゆる「学習の手引き」がある。大村はま氏の単元学習では、「手引き」が重要な役割を果たしている。教科書を学習材集として捉えるにしても、学習材が生のままでそこに存在するのでは、学習を保障したことにならないだろう。「手引き」をどう使うか使わないかは、次の問題である。

話す・聞く・書くの学習では、学習材自体に活動手順が示されるか、活動手順を考えるような示唆があるから、その手順や示唆が適切かどうかが問題になる。しかし現実に工夫が求められるのは、読むことの学習における「手引き」である。

読むことの学習の手引きが、読む行為としての学習者の意識の流れに沿ったものであるか（教えようという教師の側の意識に立っていないか）、内容的な発見を内包し読む楽しさを保障するものになっているか、問いかけや示唆が読みの視点を捉えたものになっているか（読みの能力につながるようなものになっているか）、個別の課題に対応するようなものになっているか、発展的な学びを誘発するようなものになっているか。そのような観点から、手引きの内容を整えることが望まれる。

また、学習活動を支える資料の充実も求められる。

例えば、調べ学習に向かうとしても、図書室の利用の仕方、本の探し方、インタビューの仕方、アンケートの取り方、メモの取り方など、学習を支える技能が必要である。従来、活動型の学習指導をためらう理由には、こういった活動を支える、あるいは活動そのものである基礎的な力が十分育っていないから、活動自体に支障を生ずるといった意識がなかったとはいえない。

そういう意味で、例えば本の探し方など、便覧のような形であればよいが、より学習材に密着した形での資料が、教科書そのものに存在することも意味あることである。

おわりに

教科書作りの立場からいえば、レイアウト・イラストなどビジュアル面のウェイトは大きくなっているし、書写の学習内容との一本化はいまだに解決されないでいる。

現実的にはそのような多様な課題をもちながら、「理想」が「現実」とすりあわされていく。ただ、理想の国語教科書はそれ自体を単独に語ることができるものではなく、現実的には学習者がおかれた学習環境と教師の力量との関係性の中で捉えられるものであろう。

3 学習材としての『坊っちゃん』『吾輩は猫である』

はじめに

先だって、高校三年生の生徒がインターネットで『舞姫』（森鷗外）の「口語訳」を入手している現場に遭遇した。大量のプリントアウトにも驚いたが、それ以上に、（大きな声では言いにくいが）いわゆる「進学校」の生徒が、「先生の紹介によって」「舞姫の口語訳」にアクセスしていることに驚いた。

『源氏物語』がなかなか読めない現状に、漫画の『あさきゆめみし』（大和和紀）で切り込むというのであれば、「切り込む」限り、私はそれを認めたい。『あさきゆめみし』それ自体、たとえ漫画であっても、読みこなす、あるいは読み続けるには相当の努力を要する。この漫画を読むことができるということ自体、相当な能力であるとも思う。

しかし、『舞姫』の「口語訳」はいかがなものであろうか。確かに、私自身、十年以上も前の高校生が、「せきたんを、ばはや、つみはてつ」と平然と読んでいることに、驚きもせず指導していたように思うが、『舞姫』は、「口語訳」で筋を追うことができればよいものではないのではないか。「口語訳」が「いわゆる進学校」で必要なのであれば、『舞姫』の「現代的文章」の学習材としての価値に疑問をもたざるをえない。

あるいは、そのように考えること自体、もしかしたら「時代錯誤」の感覚なのかもしれない。時代はもっと進んでいて、子どもも変わり、そんなことを言っておられる状況ではないのかもしれない。しかしそれならそれで、やはり学習材として適当かどうかの判断が必要になるように思われるのである。

中学校の学習材としての夏目漱石『坊っちゃん』『吾輩は猫である』、森鷗外『高瀬舟』『最後の一句』なども、「舞姫の口語訳」のような状況にさらされているのであろうか。

本稿では、中学校の学習指導を念頭に、夏目漱石『坊っちゃん』『吾輩は猫である』の学習材性を中心に論述する。

一　夏目漱石作品の学習材化

昭和二十四年以降の中学校教科書に掲載された主な漱石作品を、教科書掲載のタイトルで示すと、次のようである。

『阿蘇にて』　『運慶』　『草枕』　『圭さんと碌さん』
『ささもちのお礼』　『三四郎』　『修善寺から』　『紹介の手紙』
『そぞろ歩き』　『父から子どもへ』　『父から子へ』　『峠の茶屋』

『仁王』　『日記』　『二百十日』　『ねこの運動』
『ねこのおどり』　『ねこの失敗』　『ばか竹の話』　『母の思い出』
『春風』　『病気の見舞』　『文鳥』　『坊っちゃん』
『ぼっちゃんと清』　『清からのたより』　『見舞』　『山鳥』
『山道』　『ロンドンの霧』　『わが輩の運動』　『吾輩は猫である』
『私の個人主義』　『笑わせた写真』

これらのうち『文鳥』『坊っちゃん』『吾輩は猫である』については別表記のタイトルがあり、また、『ぼっちゃんと清』のように、作品名を変えて採録されたものもある。さらに『私の個人主義』のように、小説ではないもの、また、その後高等学校の学習材として長い命を保つものもある。

作品としては、『永日小品』『夢十夜』などから、その中の一編を取り出したといえるものもあるが、教科書採録回数が圧倒的に多いのは、いうまでもなく『坊っちゃん』と『吾輩は猫である』である。他の作品は時代とともにどんどん淘汰されていった感がある。現在の目でみてみれば、いかにも古色蒼然たるものもあり、また現在の中学生にはどうみても難しいと思われるものもある。その中で、最後まで教科書学習材たりうると判断されたのが、やはり、『坊っちゃん』と『吾輩は猫である』であった。

『坊っちゃん』『吾輩は猫である』ともに、二〇〇一（平成十三）年度末まで、教科書学習材として採録されていた。そのときの学年配当は、『坊っちゃん』は一年生、『吾輩は猫である』は三年生である。採録はむろんその作品の一部であり、いずれも「読書」の扱いである。現実にどのように教室で扱われたかは別として、いわゆる精読していく学習材としては位置づけられていない。

二〇〇二（平成十四）年四月には、漱石の作品は中学校の国語科教科書の読み学習材としては姿を消し、読書案内的な部分や、近代文学史にふれるような部分で名前をとどめたことになる。ちなみに、森鷗外も、二〇〇二年度に『高瀬舟』が消え、当時は「中学校から鷗外・漱石が消えた」と話題になった。

二 採録の「部分」と「全体」

『坊っちゃん』『吾輩は猫である』、特に『吾輩は猫である』は、教科書学習材として作品全体を採録できる長さではない。それは学習者の負担という理念もあるが、むしろ教科書という制約の中の物理的な問題である。

とすれば、どこを切り取るかの問題は、作品のどういったテーマ性を学習材とするかの問題であるはずである。が、少なくとも近年の学習材は、『坊っちゃん』は、全十一章のうち第一章、冒頭から清と停車場のプラットフォームで別れるところまで（「なんだか大変小さく見えた」まで）であり、『吾輩は猫である』も、多少の省略はありながら、冒頭部分を採録している。これは、次のような事情によると考えられる。

『坊っちゃん』については、冒頭（第一章）が、坊っちゃんの人物像と「清とのわかれ」という点でまとまりがよいことがいちばんである。以降の部分では、生徒が先生をからかう、先生どうしが反目するなど、あまり教室に持ち込みたくない話題であることも影響していよう。また、冒頭部分でも例えば兄について「元来女のような性分で、ずるいから、仲がよくなかった」とあるように、今日的な視点からは学習材化しにくいところがあるのは事実である。そういったところは『坊っちゃん』全編というよりも漱石作品（あるいはさらに当時の作品）全体にみえるところであり、『吾輩は猫である』についても同様の学習材化の難しさがある。

『吾輩は猫である』については、基本的には語彙の難しさである。例えば教科書採録されている部分のみをみても、挿絵を除けば二段組で五ページ程度の本文に、三十一箇所もの注がついている。これは、教科書学習材としては異例というほかない。詳細に検討したわけではないが、あとの部分において語彙的に易しくなっているようにはみえない。むしろ言いまわしとしては厄介になっているように思われる。その分、長く切ることができないことにもなる。

いずれにしても、長編の途中の切り取りは、それ以前の叙述を前提とせざるをえない点できわめて難しい。切り取った部分なりの明確なテーマ性の有無と、リード文での対応の可否が問題となる。

ある高等学校の先生が、高校二年の学習材『こころ』について、「教科書に採録されている三分の一程度の部分では、『こころ』を読んだことにはならないから、作品全部を読ませなければならない」とおっしゃっていたが、どうであろうか。『こころ』に限らず、作品の一部を読んだだけでは、その作品を読んだとはいえない。それは事実である。しかし、だからといって作品全部を読ませないと無意味であるというわけでもあるまい。一定のテーマ性が保障されていれば、その中で考え、ことばの力をつけることは可能である。『作品』を『作品』として理解させることが「読むこと」の学習の唯一の内容ではない。

このことは、『坊っちゃん』『吾輩は猫である』を扱う場合にもつきまとう問題である。この「部分」だけでどう授業を構成するのか、どのような力をつけるのかを見きわめる必要がある。反対に、「全体」を問題にするのであれば、どのように展開するのか、そのことが学習者にとってどのような意味をもつのかを見きわめる必要が生じる。その場合は、「読書指導」という視点を欠くことはできないであろう。あるいは「選択科目」「総合的な学習」という位置づけが必要になるかもしれない。

結果として、部分を採るということになれば、両作品とも冒頭部分が読解学習材としての可能性をもっているということになろう。それは、途中の部分がそれ以前の叙述を受けざるをえないことによる厄介さであり、テーマ性であり、長さである。さらには、古典作品の冒頭が「教養」「名文」といった視点から採録されるのと同じような、「近代文学の古典」としての位置づけ意識があるようにも思われる。

三　読解学習材としての『坊っちゃん』

国語科教科書学習材としての『坊っちゃん』は、近年、読解学習材として二年生に位置づけられることが多かったが、「読書学習材」という読書指導に位置づける概念が出てきてから、一年生におかれるようになった。

ここでは、第一章全体を採録した中学二年生の学習材本文をもとに、読解学習材としての『坊っちゃん』の学習材性について言及する。

いささか古い教科書になるが、一九八一（昭和五十六）年度版のG社の［学習の手引き］は、次のようになっている。

一　この小説を読んで、印象に残ったことをノートにメモしておこう。
二　「親譲りのむてっぽうで」とあるが、そのことが分かるのはどういう所からか、説明しよう。
三　次のことについて、よくまとめたうえで話し合おう。
①清の人柄。
②坊ちゃんと清のお互いに対する気持ち。
③坊ちゃんと父・母・兄それぞれとの、お互いに対する気持ち。
四　この小説のおもしろさについて、次の点を中心にして考え、話し合おう。
①内容（人物の人柄やできごとなど）
②表現（書き表し方）
五　できれば、「坊っちゃん」全編を読み、坊ちゃんの人柄を中心にして感想を書いてみよう。

この「手引き」は、実際の学習活動を考えた場合、きわめて良質なものであると思われる。「一」の「印象に残ったこと」は、通読段階の定番であるが、そのことがあとの全ての手引きの内容にかかっていくことは、容易に予想される。おそらく学習者は、主人公を中心としたそれぞれの人物に対する評価や、書きぶりのおもしろさについて記述するであろう。この「メモ」を発表させれば、学習課題はできたも同然である。自然と、次の「手引き」の内容に進んでいく。

「二」について、『走れメロス』の冒頭「メロスは激怒した」と同様、学習者はその内実を確かめてみたくなる書き出しとなっている。その書き出しを手がかりに、主人公の人物像を捉えようというものである。主人公の無鉄砲ぶりは、冒頭の「二階からの飛び降り」にとどまらない。学習材全体を捉え直すことになるし、ユーモアなどの表現に着目することにもなる。

「三」は、人物関係の整理である。これによって、主人公の性格と、家庭における特殊な位置が明らかになる。さらには、清との関係が逆照射されることになり、最後の別れの場面の切なさの理解につながろう。ただし、実際の扱いとしては、①②③の順ではなく、③を先に明らかにしないと、読みの順序性が狂うことになるし、停車場での清との別れの場面の「おれは泣かなかった。しかしもう少しで泣くところであった。〈中略〉窓から首を出して、ふり向いたら、やっぱり立っていた。なんだか大変小さく見えた」という叙述の鑑賞が甘くなるであろう。この学習材はやはりこの別れの場面の余韻で読みをいったん締めくくりたい。そのことが、ユーモアに流れがちな読みに深みを与えることになる。

「四」は、学習のまとめである。「坊ちゃん」という特異な人物の言動やできごとのおもしろさ、またユーモラスな表現のおもしろさを浮かび上がらせて、表現にも目を向けることができるようになっている。特に、『坊っちゃん』は、日本近代文学の中でも良質なユーモア小説といえる作品である。

「これは命より大事なくりだ」（大げさな表現）

「勘太郎はむろん弱虫である」（決めつけ）

また、

「この次は抜かさずに跳んでみせます」（意外な認識）

「おれのあわせの片そでがもげて、急に手が自由になった」（突き放した言い方）

など、例えばこういった表現に着目し、分析的に捉えることは、他では得がたい学習となる。

「五」は、読書を意識したいざないである。「坊ちゃんの人柄を中心にして」という限定が必要かどうかであるが、これは、人物像を中心に冒頭部分を読んできたことを作品全体に通していこうという意図であろう。可否については意見が分かれるかと思われる。

このようにみてくれれば、人物像の把握・人物関係の把握・表現（ユーモア）の吟味・具体化説明などの多くの点で、国語科学習材としての適性を備えていることがわかる。なんといっても、話としておもしろいという点は、替えがたい魅力であろう。

四 読解学習材としての『吾輩は猫である』

一九九七（平成九）年度版S社の採録部分は、冒頭の四文（吾輩は猫である。名前はまだない。／どこで生まれたかとんと見当がつかぬ。なんでも薄暗いじめじめした所でニャーニャー泣いていたことだけは記憶している。）を提示した後、猫がこの家に来たいきさつの部分があらすじになっている。終わりは、主人が水彩画を描く場面（乱暴猫の黒の登場の前）までである。

『吾輩は猫である』の学習材としての価値は、なんといってもそのものの見方のおもしろさである。

漱石は、自身や社会を客観視し、風刺する方法として猫の視点を導入した。学習者は、その方法にあまり違和感はもたない。猫がしゃべる世界は、文学体験としてそう昔のことではないからである。しかしこの猫は今までの「動物がしゃべる世界」とは決定的に違っている。

「どうしてもわれら猫族が親子の愛を全くして美しい家族的生活をするには人間と戦ってこれを剿滅《そうめつ》せねばならぬ」

「彼らはその強力を頼んで正当に吾人が食い得べきものを奪ってすましている」

「元来人間というものは自己の力量に慢じてみんな増長している。少し人間より強いものが出てきていじめてやらなくてはこの先どこまで増長するかわからない」

こういった「違う視点からの認識」を感じ取ったとき、学習者は今までとは違うものの見方・世界観にふれ、新鮮な驚きを感じるのである。中学生というのは、こういったものの見方に鋭く反応するものである。この点は、一般に大人が考えるよりもはるかに衝撃的なおもしろさとして学習者に伝わるにちがいない。

五 『坊っちゃん』『吾輩は猫である』の位置づけと扱い

『坊っちゃん』『吾輩は猫である』ともに、確かに言語抵抗の大きい作品ではある。しかし、『徒然草』などいわゆる古典作品が学習材としての意味を有するのであれば、当然、近代文学の古典としての漱石・鷗外が、多少の言語抵抗があろうと、学習材としての価値を有するともいえよう。

しかし漱石作品をあれこれ探してみても、今日の学習者の姿に照らせば、他の作品はやはり古色蒼然とするところがあり、学習材としては扱いにくい。結果として、やはり中学校学習材としてはこの二作品に帰結するのではないか。

それは、近代文学の古典としての位置づけ、ユーモア小説としての位置づけ、ものの見方のおもしろさを味わうといった位置づけを通して、読書への広がりを見通した学習材として良質であるということである。

今後は、言語抵抗という意味から、学年の検討や、注のおき方などの工夫が必要になるであろう。また、文字として提示して学習者に読ませるのではなく、教師の読み聞かせなどの音声によって提示することも考えられてよい。そのほうが、作品世界に抵抗なく入ることができるであろう。

くれぐれも、音読が推奨されるといって、学習者にはじめからひたすら読ませるような扱いはしたくない。作品世界から離れるだけである。

また、近代文学の古典としての扱いからは外れるかもしれないが、読解を中心とするのではなく、『坊っちゃん』を父親、兄、清の視点から再構成する、『吾輩は猫である』を意見文の材料にするなど、活動型の学習を展開することで、これらの作品を導入する意義を見いだすことができる部分もあるように思われる。

おわりに

もし今後、漱石作品（加えて鷗外作品）が中学校の学習材として姿を消すとしたら、「近代」は、太宰治の『走れメロス』をどうみるかにもよるが、芥川龍之介の『トロッコ』に代表されることになってしまう。少なくとも、「明治」は散文としては消える。明治の言語文化は、子規、晶子、啄木などの韻文に委ねられることになる。それがことばの学習としてよいのかどうか。確かにことばが難しいのは事実であるが、だからなくてもよいというふうに考えるのは短絡に過ぎる。

『坊っちゃん』『吾輩は猫である』が、高校で『舞姫』の口語訳が必要なのと同じような状況にあることは想像に難くないが、少なくとも良質の文学である。教科書にあるか否かを問わず、どのようにして学習者と出会わせるかは、考えたいところである。

蛇足ながら、漱石は『吾輩は猫である』の発表前、正岡子規との親交の中で、俳人として名をなしていた。そういう側面から漱石にアプローチすることも、学習者の実態からすれば、考慮されてよいようにも思われる。

＊作品本文の引用は、教科書採録部分については教科書表記に従った。

4 読むことの学習指導の方法改善に向けて

一 教材研究と指導観の問題

読むことの学習指導の改善を考えるために、私たちがこれまでどのような学習を念頭において授業を構想してきたかを振り返ってみたい。問題を単純化するために、俳句を取り上げる。

1 石田波郷「子を思ふ日ねもす捨菊見えてをり」[*1]を例に

この句は、私がたまたま入手した色紙に記された石田波郷の句である。この句が学習材として適切か否かは、今は措くこととする。色紙では、次のように表記されている。

子を思ふ終日捨菊見えて居り　波郷

(1) 作品の分析

この句は、昭和二十五年六月の、波郷の句集『惜命』に収められており、「捨菊」という小題のもとにある十七句の中の二番めの句である。『惜命』と色紙とでは、「終日」「居り」二箇所の表記の違いがあるが、これはもともと「終日」を「日ねもす」と読ませようと考えていたのであろうか。
ところで、私が入手した色紙の裏には、次のような波郷の書付がある。

「昭和二十五年二月二十一日、退所に際して書之　波郷

○○○○様」（○○には具体的な女性名が入るが、未詳ゆえ、ここでは伏せる）

周知のように波郷は、胸を病んで、その治療、療養のために一九四八（昭和二十三）年五月、清瀬村東京療養所に入所している。そして事実この一九五〇（昭和二十五）年二月二十一日に退所しているのである。治療は完了したわけではなく、排菌者として自宅療養に切り替えるという退所であった。退所の理由は、四月の長男の小学校入学に備えるということであったらしい。療養生活の具体は随筆集『清瀬村』（四季社　一九五二）に詳しいが、ここではこれ以上の論及を避ける。

退所に際してあえて選んで書き与えている点、また『惜命』の「捨菊」十七句中に捨菊ということばは他にない点から、この句は波郷の中では大きな存在の句であったことが推察される。

『惜命』は、その療養所生活を詠んだ句集である。楠本憲吉は、

半歳の間に三回の成形手術を含む足掛け四年の間「一日一日の生を噛みしめて味ふやうな」生のモラルを俳句によって追及した一巻で、療養句集の最高峯といっても過言ではないだろう。
（『俳句シリーズ・人と作品12　石田波郷』桜楓社　一九六六　二七三ページ）

と、『惜命』の、俳句史における位置づけを記している。そういう意味も含め、この句を句集の中

の一句として読めば、当然この句は療養所生活を背景として読むべきものであろう。

それを抜きにすると、句の解釈そのものが平板なものとなるし、結果、「人間探求派」といわれる波郷の真骨頂を見失うこととなる。そしてそれは、句集の中の一句として読む、という前提に立てば、あながち反則とはいえないであろう。「幾度も雪の深さを尋ねけり（子規）」を病床の句として読むのと同じようなことである。その前提をはずすと、全く違った解釈が可能となる。それはそれでよいとする立場もあるが、その前提をおいて読む読み方も許容されよう。

逆に、この句一句を独立したものとして読む場合、その自立性にはいささかの問題が生じるという言い方もできる。私はそういった「自立性」は、教材性を考える場合には重要な視点だと考えており、この波郷の句を中・高校生の教材とすることにためらわざるをえないのは、そういった理由による。

(2) 教材化

この句を、「療養所生活」を前提としてよいとすれば、私は次のような読みを「教材研究」として行うことになる。

解釈の手がかりは「捨菊」であろう。「療養所」であるとすれば、菊は見舞いの花ではない。「捨菊」は自身の「生」と「死」を暗示する存在として意味づけられる。精気を失って捨てられている菊の花が、一日中「見えている」のである。「見ている」といった意志的な見方ではない。一日中何をするわけでもない療養所生活の中で、折にふれてその存在を意識させられるのである。「見えてをり」が「見てをり」ではないことは、定型の音数の調整という操作を超えて、「見えてをり」

でなくてはならぬ理由があるように思われる。その表現で、療養所の生活や、その病人の周囲の雰囲気、空間、そしてその生がみごとにイメージされる。

そういう状況の中に「子を思ふ」がある。この句を上に据えざるをえなかった心境も推察される。ここまで読めば、四月の長男の小学校入学に備えるという退所の理由などは無用の情報となろう。具体的に子どもについて何を考えていたかは、読者の想像で十分であるし、菊の季節にわが子の入学のことを考えていたかどうかはわからない。ここは、死と向き合って生きている一人の人間の、親としての「子を思ふ」気持ちに寄り添えばよいところである。

この読みに基づいて、広義の教材研究としての発問計画を立てるとすれば、次のような発問が可能である。

Q①「療養所」はどんなところか。（当時の「胸を病む」ことの現実も指摘）

Q②「捨菊」について、気づくことをあげよ。（「療養所」にある「菊」というのは、どういう存在か、という問い方も可能）

Q③「見えてをり」と「見てをり」とはどう違うか。

Q④「子を思ふ」は、どんなことを考えているか、想像せよ。

学習の中心は、Q③、Q④である。Q③は語句の用法を比較して捉え、言語感覚を問うことになろう。また、Q④は、状況の読み取りのもとに心情を想像する作業となる。句の中心を捉える作業であるともいえる

この句を教材化しようとした場合、おそらく私たちは以上のような手順で「教材研究」を行い、

発問計画、板書計画をもって授業に臨むこととなる。そしてこの句は、それなりに「俳句の学習」を一般的な意味では成立させるであろう。

(3) 指導法の問題

しかし、私がここで問題にしたいのは、例えばここで想定したような学習は、悪くいえば「教師がたくらんだ学習」であることである。教師の(あるいは教科書の)判断で選ばれた教材が、教師の読みに従って「教室の物語」となっていくような学習であるといってもよい。あるいは、「教師の作品解釈を生徒に伝える」ことを学習としている指導観ともいえるかもしれない。

この問題をさらに複雑にするのは、こういった教材研究を教師自身が楽しんでいることである。私自身、この色紙を入手してからこの句について調べていく作業は、本当に楽しいものであった。教師が教材にほれること、指導内容に自信をもつことは、学習指導上きわめて大切なことであると考えるが、その教師の楽しさが生徒たちの学習の成立につながるかどうかは、別の視点からの考察が必要である。

結果的に「教師の作品解釈を生徒に伝える」といった学習観をどのように反省的に捉えればよいか。

2 高浜虚子「春風や闘志いだきて丘に立つ[*2]」を例に

(1) 教科書の扱い

虚子の代表作のひとつとして人口に膾炙している句である。教科書教材としても採られており、例えばS社の中学三年の国語教科書（平成十四年度版）では、杉田久女「谺《こだま》して山ほととぎすほしいまま」と並べる形でこの句に解説が付されている。その解説では、「切れ字」「季語」の説明の後、次のように記されている。少し長いが引用する。

春風を受けながら小高い丘の上に立ち、胸の中に燃えるような強い闘志を抱いている人物が描かれています。その燃えるような強い闘志がどのようなものか、読者は、「春風」のイメージと重ねながら、思い描くことができるでしょう。

高浜虚子は、正岡子規のもとで俳句の勉強をして句作に励んだのですが、子規の没後は小説を書くようになりました。そのうちに、河東碧梧桐が新しい傾向の俳句をつくるようになったため、それに対抗して伝統的な俳句の復活をかけて、再び俳句の道を歩む気持ちを固めたのです。この句はそのときによまれたものです。作品の背景を知ることで、別のイメージが生まれることもあります。

この教科書では、「その燃えるような強い闘志がどのようなものか、読者は、『春風』のイメージと重ねながら、思い描くことができるでしょう。」と、読者のイメージの広がり（想像）を促しつつ、一方で、「作品の背景を知ることで、別のイメージが生まれることもあります。」と、いわば作家論的な読みの可能性を指摘している。

この教科書の構成は、生徒たち自身で「闘志」を具体的にイメージすることのおもしろさと、作家論的な読みのおもしろさとの両方を、読み方として提示していると思われる。実際の授業では、「実はこの俳句の背景には、云々……」という教師の説明場面がつきまとうことがあり、後半は、そういう授業を成立させるため、あるいは、そういう情報を必要とする教師のための配慮であるとも受け止められる。

しかし、当然のことながら、またしかたのないことながら、この教科書記述の後半の説明は十分ではない。「(碧梧桐の)新しい傾向の俳句」「それに対抗して(という二人のライバル関係)」「(子規の提唱を前提とする)伝統的な俳句の復活」といったことが、生徒たちに具体的にわかることではない。また、それをきちんと教師が説明できるのか、また、説明することが学習として必要なのか、効果的なのかという問題はついてまわる。中学校の教室でそれらを説明し始めたとき、俳句の学習は「ことばの教育」から離れ、「年寄りくさい世界」に落ち込むであろう。

(2) 教室での扱い

思うに、この俳句は、虚子と碧梧桐の確執という背景があるからこそ、俳句の世界で評価されてきたものではなかったか。背景を捨てて読んでなお、奥行きのある作品だといえるのであろうか。

むろん、「春風」「闘志」「丘に立つ」という、いかにも中学生の感性に訴えることばのイメージがあり、句の景も明確であるがために、生徒たちに受け入れられやすいという教材としての長所があることは疑いない。授業ができる作品であり、また、内容的にも好ましい作品である。教材性は決して低くない。しかし私は、背景を持ち込むのであれば、先の波郷の句のほうが、「捨菊」の象徴性、「見えてをり」という表現の吟味、「子を思ふ」の想像など、俳句を読み深めていく材料が豊富ではないかと思うのである。それは、「ことばの教育」の保障の部分でもある。

文学的な評価、あるいは文学史的な位置づけが、教材としての適性判断の一つの規準になることは認めざるをえない。しかし、虚子と碧梧桐の確執という文学史の視点からのおもしろさを、この句を学習する中心的な意味と捉えることは、少なくとも中学校では、おそらく高校でも、できないと考えるのが今日の国語教育ではあるまいか。

作品の背景が先行したとき、学習は「教師がたくらんだもの」となり、生徒から離れていく可能性が大きくなる。虚子の「春風や」の句の場合、読み方としては、教科書前半の記述「読者は、『春風』のイメージと重ねながら、思い描く」に寄り添いながら展開していくべきものではなかろうか。それが十分にできないなら、つまり作品として自立していないなら、それは教材としての価値・適性が十分でないということであろう。

3 池田澄子「じゃんけんで負けて蛍に生まれたの」[*3]を例に

(1) 教材の特徴

この句は、先のS社の中学三年の教科書に、鑑賞文なしで掲載されている十一句のうちの一つとしてあげられているものである。現場の評価の極端に分かれる教材である。

この句について、川上弘美は次のように述べている。

〈前略〉この句の持つ、一種の呪術的なひびきには、曰くいいがたい魅力がある。

〈中略〉うまれたの、という声は、外からきこえる誰かの声である。たとえわたしの声でとなえていても、この句を最初にとなえたのは、ことなる誰かであったにちがいない。この句の世界にある、いのちそのもののほのめきのようなもの。そのほのめきの中から、「じゃんけんで負けて蛍に生まれたの」という声ともつかぬ誰かの声が、深いところから聞こえてくるようではないか。

呪文のように、何回も句をとなえることによって眼前にあらわれる不可思議な世界。この句もまた、俳句というもののかたちの恩寵をゆたかに受けた句であるにちがいない。(『あるようなないような』中公文庫　二〇〇二　二二四～二二五ページ)

教室でのこの句の評価の落差は理解できる。基本的にこの句を「理解」しようとすると、川上が述べるように「曰くいいがたい魅力」「眼前にあらわれる不可思議な世界」といった言い方しかできないのではないか。「季語は蛍」といってみたところで、「蛍の季節」がイメージされるわけではない。実はこの句は「無季」に近い。取り付く島がないのである。

しかし一方、「俳句というもののかたちの恩寵をゆたかに受けた句」であるところをおもしろいと感じれば、「曰くいいがたい魅力」があるということになる。

(2) 教室での扱い

こういった句を教材として授業をしようとすると、季語を指摘させ、切れ字を確かめ、現代語訳のように場面を説明するといった、旧来の発問で展開することが不可能になろう。この句の評価は、それをおもしろいと思うか、厄介だと思うかの違いである。

この句は、「呪文のように」唱えながら、生徒たちにいくつもの疑問を出させていきたい。時間さえかければ、生徒たちは、おそらく次のような疑問を提示してくるであろう。

○じゃんけんで負けたらなぜ蛍になるのか。

○じゃんけんの相手は誰だったのか。

○勝ったら何になっていたのか。

○じゃんけんをする前はなんだったのか。

生徒たちの反応は「負けて蛍になった」というところにまず集中するはずである。さらに続けていけば、

○誰が誰に向かって言っているのか。

○「生まれたの」の「の」は詠嘆か疑問か。詠嘆としても、嘆きか自己確認か。

といった問題になっていく。この順序はむろん一定ではないし、言い方は生徒なりの言い方になるであろう。教室では、すぐには答えが出ないこれらの疑問について、若干の話し合いをしながら進めていき、最終的には、これらの疑問を統合して、自分なりの俳句世界を思い描くところに収束していくであろう。

ここで妙な作家論を持ち出しても意味がないことは、誰にも予想できる。

大切なことは、まず、生徒たちの疑問から学習が出発し、その疑問を手がかりにしないと読みが進まないということである。

次には、教室の他者（他の生徒）の読みが自身の読みの参考になるという事実が立ち現れるということである。

さらには、読みが、生徒自身（読者自身）の内部に入っていく形でしか成立しないことである。自分で考え、自分のイメージを作るしかないのである。その「自分」に追い込むことができるという意味で、この句の教材性を語ることは可能ではないか。

この句は、以上述べたように、

①学習者自身の疑問を解決していくという学習過程が想定される。

②他者の読みが自身の読みの参考になるという実感が得られる。

③読者としての「自分」が立ち現れる。

といった点を保障できる教材であるといえよう。またそれは、今日的な「読むこと」の学習の一つの姿であるともいえるのではないか。

ただしこの場合、教室として、あるいは学習として行き着くところが一つになっていかない。ある程度限定されるにしても、基本的には多様な着地点が想定される。そのことに教える側が耐えられるか否かが問われているともいえる。

二　読みの層としての「自分を読む」

1　読むという行為

「読む」という行為について、私は以前に次のように記している。

文学的文章の読解過程を層として考えた場合、次のようにその層をとらえることは可能であろう。

①文字・語句を読む——文字が読め、語句の一般的な意味がとらえられる。

②文章を読む——文脈上の意味がわかり、そこに描かれた事象がとらえられる。

③作者を読む——作品の主題や作品の背後にある思想がとらえられる。

④読者（自身）を読む——自己とのかかわりにおいて作品がとらえられる。（作品世界を通して自己を発見する）

これらは当然①〜④の順序で時間的に明確に区別される層として存在するのではない。語句の意味が完全にわからないと作品の主題について見当もつかないといったものではなく、少々不明なことばがあっても大意はつかんでいることが多いように、実態としては渾然とした形で現れる。（拙著『「読む」ことの再構築』三省堂　二〇〇二　二八〜二九ページ）

これを具体的にみると、先にあげた石田波郷の句の発問例が、ある程度その層を反映しているように思われる。再掲すれば、次の発問である。

Q①「療養所」はどんなところか。（当時の「胸を病む」ことの現実も指摘）

Q②「捨菊」について、気づくことをあげよ。（「療養所」にある「菊」というのは、どういう存在か、という問い方も可能）

Q③「見えてをり」と「見てをり」とはどう違うか。

Q④「子を思ふ」は、どんなことを考えているか、想像せよ。

Q①は、作品そのものには出ていないけれど、読みとして必要な語句の確認である。「文字・語句を読む」にあたる。「いつ、どこで、誰が」といった事実の確認にあたる。

Q②は、語句の単純な意味を少し超えて、「療養所」にある「菊」の存在を説明する行為である。「行間を読む」に近く、「文章を読む」にあたる。

Q③は、表現効果の吟味であるが、表現意図を問うことにつながっており、「文章を読む」にあたると同時に、「作者を読む」ことにつながる。

Q④は、心情の把握であり、直接的には「文章を読む」にあたる。しかし、作品中の視点人物に寄り添うという意味では「作者を読む」ことにつながるとともに、それは、読者自身の経験や感じ方を色濃く反映せざるをえない点で、「読者（自身）を読む」ことになっていく。少なくとも「子を思ふ」を波郷の生活とつながなければ、一般的な親としてこういう状況の中で、どのようなことを考えるものか、経験的に想像することになり、それに伴って、そういう作品に描かれた状況を自分がどう受け止めるかを考えるところに追い込まれるであろう。それは、最終的には、「鑑賞」になっていくものである。

一見、教師の読みの手順を生徒に追わせているようにみえる学習でも、それが、生徒（読み手）の意識の流れに沿い、最終的に「読者（自身）を読む」ところに行きつけば、「読み」としても「学習」としても成立するということである。

２　「作者を読む」の問題

　このようにみたとき、「作者を読む」は、必ずしも「石田波郷という個人を読む」ということにはならず、「『子を思ふ日ねもす捨菊見えてをり』と詠んだ一人の人物」を読むことになる。読みというものはもともとそのようなものであり、そういう読みを重ねたときに、その「一人の人物」の人物像が多様な視点から浮かび上がってくる。そのとき初めて「石田波郷という作家」が登場するのである。

　したがって、読みの層としての「作者を読む」は、「一人の書き手としての作者」であり、そこでの作者の想定は、「『見てをり』ではなく『見えてをり』という表現を選んだ一人の人物」にとどまらざるをえまい。「じゃんけんで負けて蛍に生まれたの」について言えば、「作者を読む」は「池田澄子を読む」ではなく、「『じゃんけんで負けて蛍に生まれたの』と詠む一人の人物を読む」であり、あるいは、無理を承知であえて言えば、「『じゃんけんで負けて蛍に生まれたの』と語る人物（？主体）を読む」ということにもなるかもしれない。

●おわりに

　以上、まとめてみれば、

○「教師の作品解釈を生徒に伝える」学習は往々にして「教師がたくらんだ学習」になりやすく、生徒の読みの力の育成、読むことのおもしろさの実感とは離れていくおそれがあること。

○学習者自身の疑問を解決していくという学習過程の中で、他者の読みが自身の読みの参考になるという実感が得られるような学習場面を構成したいこと。

○「読者（自身）を読む」ことへ読みを向かわせたいこと。

○生身の作者を前提としたり、それを追究したりする読みは、読む力の育成にはつながりにくいこと。

といった点を確かめたかったということである。

特に、「読者（自身）を読む」ことについては、「自分の意見をもつ」ことの基本であり、そこを基盤としなければ、ことばの力の育成はもちろんのこと、鑑賞も批評もおぼつかないものとなろう。今回は特に文学作品を取り上げて単純化したが、説明的文章においても、先にあげた①文字・語句を読む、②文章を読む、③作者（筆者）を読む、④読者（自身）を読む、という四つの層の想定と、「読者（自身）を読む」ことの重要性は変わらない。

国語力の育成であれ、PIZA型読解力の育成であれ、読む行為は読者自身の精神の営みであるという前提に立った、いわば基盤を見すえた指導改善でなければ、その実行はあやういものとなるのではなかろうか。

◉注

＊1　石田波郷『惜命』（作品社　一九五〇）

＊2　高浜虚子『五百句』（改造社　一九三七）

＊3　池田澄子『空の庭』（人間の科学社　一九八八）

Ⅲ

国語科授業実践方法の基底

1 生活全体でことばを育てる

一 「ことばの力」と「考える力」

ことばのはたらきを考えるとき、私たちはまず「伝達（コミュニケーション）」の機能を思い浮かべるだろう。確かに、小学校の国語科学習においては、特にその初期において、文字言語の習得をはじめとする伝達の機能に関わることばの力の育成が重視されている。

言語の機能については、諸説あるとしか言いようがないのだが、私は、国語教育の立場からは、「伝達・認識・思考・創造」という分類がわかりやすいのではないかと思っている。そうみたとき、ことばで示すことによってそのもの（こと）の存在を認知するという「認識」の機能、ことばによってしかものを考えることはできないという「思考」の機能が、国語科教育の中でどの程度意識されているか、いささか心もとない気がする。

語彙を増やすということは、認識をひろげることであり、物事を分節してみる力である。ことばの力は、物事をきちんと考えたり豊かに感じたりする力である。

ことばの学習が、伝達の技能の獲得のみならず、むしろ考えたり感じたりする練習の場となることに思いをいたしたい。

二 ことばで考える

学校におけることばの学習の中核は、いうまでもなく「国語科」である。しかし、子どもたちが、国語科以外の世界でもことばを使って生きているのは、自明のことである。体を鍛えようと思えば、体を動かすしかない。ことばの力が、考える練習、すなわち「本気で考える経験の積み重ね」によって形成される部分があるとすれば、子どもたちが生きている、その生活全体で、あらゆる場面でことばを育てていきたい。

私たちは、本当に子どもたちに「本気で考える」経験を、それぞれの学習時間で保障しているだろうか。

結果的に「底辺×高さ÷2」を記憶し、三角形の面積が求められることは必要かもしれないが、それだけなら「塾」でもできる。三角形の面積をどのように考えたら求めることができるのか、そのことを必死で考えた経験と、それが導き出せた喜び（発見の喜びや達成感）が、学校で保障すべきことではないか。そのことを改めて確認したい。

考えるためには課題が必要である。子どもの意識に添った発問ができているだろうか。子どもがはっとするような発問が準備されているだろうか。子どもに課題を捉えさせるにしても、良質な課題に到達するような過程が考えられているだろうか。子ども任せでは、それは期待しにくい。

課題が適切であれば、話し合いが始まる。話し合い学習場面は最も「考えること」が要求されるところで、その成立のためには、教師の司会能力が必要とされる。子どもの発言をよく聞き、その意図を見抜き、対立する考えを整理する。話し合いを活性化させるためには、比較や二項対立の形の課題提示がとりあえず有効であろう。

話し合いを実質化するために、書くことを取り入れたい。課題について簡単にでも記しておくことは、時間はかかるけれども、自分の考えをはっきりさせることになる（書くことの内省機能）。また、自分の考えを手元にもって他者の考えを聞くことで、話し合い内容をより明確に捉えることができる。

三　ことばを整える

子どものことばを整えたい。授業中の発言を確かなことばで語らせたい。

「みんなに聞こえるように話しましょう」「短くまとめて言い直してごらん」「いちばん言いたいことは何かな」などの指導は、国語科に限ったことではないだろう。「あ、素敵なことばが見つかったね、いいことばだね」といった教師の評価言が、どれほどことばの感覚を磨くことになるか。

教師のことばを整えたい。教師のことばは子どものモデルである。

小学生の時期は、まだ文字よりも音声によることばの獲得の割合が大きい時期である。そのときに、最も耳を傾けて聞かざるをえないのは、教師のことばであろう。その教師のことばが、整った正確なことばか、温かく思いやりのあることばか、誠意に満ちたことばか、穏やかで優しいことばか、そういう目で、自らのことばを確かめたい。それは、私自身、人に言えることではないけれども、そういう意識をもち続けていたい。

学習内容のことばを整えたい。世界がことばで整えられていることを感じさせたい。

私は「前方後円墳」を飛行機から見てはじめて、そのことばの意味が「前の方」ではなく「前が方」なのだと理解した。「前が四角で後ろが円の墳」というあたりまえのことが、何十年もわかっていなかった。それがわかったとき、円と方といったいどちらに墳室があるのだろうという疑問をもつことができた。わかるということはそういうことである。

保健の時間に「直接止血法」ということばが出てきた。その授業者は、その説明のあと、「『直接』があれば？」と問いかけ、「間接止血法」ということばを導いた。実に鮮やかで、子どもたちに理解しやすい手順であった。

四　ことばに関わる活動習慣を身につける

辞書の使用、漢字の使用、丁寧な文字、図書館の活用、読書など、ことばに関わる活動習慣を身につけさせることは、全学習場面で取り組むべきことである。またそれは、自己教育力の基盤に培うという意味で、学びの基礎基本である。

おわりに

自明のことだが、これらのことは、国語科の中心課題であると同時に、決して国語に限って語られることではない。他の教科等も含め、子どもたちの全ての言語活動場面において、このような配慮を行うことが、本当の意味で生活に生きることばの力をつけることになるのではないか。

2 子どもの物語としての「見通し・振り返り」

はじめに

学習者の側に立った学習指導の改善ということは、今日、自明のことのように思われるが、明治以降の教育の流れからみれば意外とその歴史は浅い。振り返ってみれば、例えば「小集団学習」とか「課題解決型の学習」といった方法が、日常的な学習の姿として定着し、違和感なく受け入れられている状況は、そんなに古くからのことではない。

「教育内容」に一定の見識があれば指導ができるといった、「教育方法」という概念に乏しい考え方は、「内容」を教師（大人）の論理で学習者に与えるという指導に結びつく。その典型は「講義」であり、さすがに今の小学校ではあろうはずもないが、学習者意識のきわめて希薄な大学では、いまだにこれがまかり通っている。これに近いことは、中学・高校ではあるのではないか。

こういった考え方に立てば、当然学習者は、自分の学びがどこに向かうのかわからないまま、教師の引いていく線の上を、ひたすらにたどりゆくしかない。ゴールとされた時点で、ある種の理解や満足感・充足感が保証されているか否かの問題である。

学習者主体の学びを保証しようとすれば、学習者自身が、「何を」「どのように」学び、その学びに「どのような意味があるのか」を捉えている必要がある。あえて言えば、教室のできごと（学び）を、「大人の物語」から「子ども物語」へ転換するということである。

一　子どもの物語のために

小学校学習指導要領（平成二十年）では、第1章総則第4の2（4）に「各教科等の指導に当たっては、児童が学習の見通しを立てたり学習したことを振り返ったりする活動を計画的に取り入れるよう工夫すること。」と示されている（これは中学校新学習指導要領総則にも、同様の文言がある）。

「児童が学習の見通しを立てたり学習したことを振り返ったりする」ことは、子ども自身が自らの学びについて、「何を」「どのように」学ぶかを理解することであり、また、その学びに「どのような意味があるのか」を捉えることである。それは、学習者主体の学びを保証しようということにほかならない。

また、そのことは、「大人の物語」としても、指導者側に指導（学習）の「目標」「内容」「方法」を明確化させるはたらきも有している。学習者に明確に示すためには、指導者自身がそれらを明確に捉えるところに追い込まれざるをえないということである。
学習指導要領の文言は、おそらくその二面のねらいをもっているものであろう。

二 学習の見通し

学習者が学習の見通しをもつ必要性は、例えば、ワークシート記入など、ある作業をしようとするときに、「何分間で」「何時までに」といった指示が必要かつ有効であることでもはっきりする。あるいは、今やっていることが次にどのようにつながるのかがはっきりすることによって、さまざまな工夫が可能になり、今の作業の質が変わってくるということもある。

「見通しをもって行う」ことは、その活動の意味を理解し意欲をもつ、その活動の意味によって活動内容を考え工夫する、その活動の工程（時間）を調節し効率的に取り組むなどの意味を有している。

そういった「学習の見通し」を計画することについて、いくつかの視点から考察したい。

1 導入の役割

単元全体であれ、一時間の展開であれ、その導入の役割に違いはない。

導入は一般に、

①学習への意欲化

②学習の前提となる知識等の確認

③学習の見通しの確認
④学習への身構えの形成

等の目的が求められる。むろんそれらが複合することもある。

導入において「学習の見通し」を立てることは、学習の始まりの位置づけとしてある意味当然のことである。

これからの学習において「何を」「どのように」学ぶかをどのように明示するかは、多様なパターンがあろう。

例えば、「物語を読む」学習で、本文に入る前に何をしないといけないかといわれれば、何か見通しを立てたほうがいい場合もあれば、そうでない場合もある。学習の流れが、学習経験からすでに学習者に暗黙裡に了解されている場合は、あれこれ指示するよりも、むしろ物語に早く入ったほうがいい場合はあろう。「何時間くらいで勉強します」といったことであれば、あえて伝えるようなことではない。

しかし、物語の学習であっても、朗読発表を行う、劇にするなどの展開がある場合は、それなりの見通しを伝えておくほうがよいということはある。

討論会や文集作りなどの、読むこと以外の学習活動であれば、学習展開の見通しは必ず必要である。

2―学習の手順・内容の提示

討論会や文集作りなどの学習の場合、教科書による限りは、多くの場合、「何を」「どのように」学ぶかという学習の全体像は、教科書そのものに提示してある。場合によっては、作品例など学習の帰着点のイメージも添えられていることがある。それは、教科書の記述自体が、「学習手順の説明」として機能しているということであり、教科書をどのように使うか、つまり、どのようなタイミングでどのように確認させるかという扱いの問題となる。

しかし、教科書をそのまま使用しない場合は、教科書に代わる学習手順の提示をどのようにするかということが、「学習の見通し」となる。

その際、当然のことながら、単に「学習手順」の提示にとどまらず、ここで何を学ぶか、ここでどのような知識や技能を身につけるのかといった、学習内容・目標の提示も考慮する必要があろう。

3 見通しの内実

「学習の見通し」には、すでに述べたように、学習手順の見通しと、学習内容・目標の見通しがある。授業の始めによくみられる「めあて」の提示は、後者であり、その授業の学びを明確にする意味で、最近は提示する方向で考えられているようである。

しかし、その具体をみたとき、その提示の仕方には工夫が必要ではないかと思われるところがないではない。

例えば、次のような提示はどうであろう。

Ａ「やまなし」の朗読発表会をしよう。

B　速さや間に気をつけて「やまなし」を朗読しよう。

Aは、学習目標の提示はない。しかし、学習者は発表会に向けてがんばろうという目的は確実に理解する。指導者は、その過程で、発表会を成功させるにはいい朗読をしなければならないことを示し、そのためにどんな工夫をするかを考えさせ、身につけさせるようしかけることができる。

Bは、学習内容の提示としては具体的で明確である。しかし、学習者が「おもしろそうだ」「がんばろう」と感じるであろうか。

私は、基本的に小・中学校段階であれば、Aの方向でいいのではないかと考えている。ただし、その場合は、「学習の振り返り」をきちんとして、自分の学びを振り返り、知識・技能を定着させる場面を保証する必要はあろう。

「速さや間に気をつけて『やまなし』の朗読発表会をしよう。」という提示もあるかと思われるが、個人的には、Aで十分だと考えている。学習者が取り組む意識としてのめあてと、指導者が意図するめあては、同じことばで示される必要はないということである。

同様のことは、「二場面と三場面の主人公の気持ちの変化を読み取ろう」などといった「めあて」でもいえる。それを見て学習者が「おもしろそうだ」「がんばろう」と感じるであろうか。それが、それまでの学習者の課題意識にきちんと沿っている課題であればともかく、初めから技能を前面に出した「めあて」が、学習に向かう起爆剤になるとは思われない。子どもはけなげについてきているだけである。

4 見通しのスパーン

例えば、「おおきなかぶ」を八時間で読んで、その後三時間で音読劇をするとする。そのとき、合計十一時間の「見通し」を学習者に提示する必要があるかという問題である。

小学一年生に読むことと音読劇をつなぐ十一時間の見通しをイメージさせることは難しい。とりあえず、八時間の読むことの学習の見通しを立てさせ、その展開の中で、しかるべきときに音読劇を提示するということは、当然あってもよい。

学習者の発達や、予想可能な範囲を見定めつつ、どのくらいのスパーンで学習手順や課題・めあてを提示するかは、判断が必要なところであろう。

三 学習の振り返り

1 振り返りの意義

学習指導要領解説（平成二十年）には次のようにある。

> 事後に振り返ったりすることで学習内容の確実な定着が図られ、思考力・判断力・表現力等の育成に資するものと考えられる。

「思考力・判断力・表現力等の育成に資する」とつなぐことは、いささか飛躍の感はあるが、それを「国語の力」とおくのであれば、少なくとも「学習内容の確実な定着」との関係は理解できる。

一般に「学習の振り返り」という行為は、「学習の評価」と考えることもできる。つまり、そこでの学習を振り返り、身についた知識や技能を確認（メタ認知）し、さらに今後の学習の見通しを立てるということになる。

あるいはその学習の自分にとっての意味を確認することも振り返りである。その場合は、学んだことの充実感、達成感を味わうことになり、それは、学習への意欲といった態度的な側面の育成には必要なことであろう。

2―振り返りの実際

実際には、個人の単位の振り返り（自己評価）と教室単位の振り返りとが考えられる。

教室単位の振り返りは、そこで一つの認識に到達するということではなく、学習場面として振り返りの時間を設けるということであり、その振り返りの内実は、個々の学習者の中で定着される。それは具体的には、活動のあとみんなで感想を述べ合ったり、反省をしたりする場面として表れる。ただ、その振り返りを評価の一つと捉えるならば、学習者は単に「感想」として述べているにしても、指導者の側には、その学習の目標が明確に意識され、適切な助言が求められることになる。そこに学習者の意識を性急に引き込む必要はなく、個々の学習者の「振り返り」を大切にしてやればよいが、指導者の意識は明確でなければならない。

このことは個人の振り返り（自己評価）においても同様である。指導者が教えたかったことが、学習者の学んだこととして意識され、知識・技能といったことばの力が振り返りの対象の中心となるべきであろう。

3　振り返りとしての味読

読むことの学習においては、「通読・精読・味読」といったときの「味読」も、一つの振り返りとなる。

今日、活動型の学習形態が多く取り入れられているにせよ、三読法の展開が読むことの学習の基本に意識されていることは変わりないと思われる。まず全体を読んで感想等の確認をし（通読）、始めから段落や場面ごとに詳しく読み進めていく（精読）。そして最後に、改めて感想をまとめたり、読み直したりして鑑賞するのである（味読）。

考えてみれば、通読後に何をするかは、場合によっては「学習の見通し」を立てることになるし、味読段階は、自分の読みを確認するという意味では、「学習の振り返り」の側面を有している。

味読には、感想を述べたり書いたりする、音読・朗読する、読み聞かせをきく、自分なりの課題を確認するなどの方法がある。それらは、文章内容を振り返り、新しい課題を発見したり、その内容や文章のよさを味わったりする、さらに自分にとっての意味を確認したりする作業である。

問題は、学習展開が精読にとどまり、味読が今日重視されていないところであろう。振り返りとしての味読が位置づけられることが、説明的文章においても望まれる。

ただ、味読は、多くの場合、文章内容の確認である。味読において、例えば「順序に気をつけて読む」といった技能が意識化されることは少ない点には留意が必要である。

おわりに

学習指導要領で求められていることは、これらのことを「計画的に取り入れる」ことである。それは、目標を明確にしながら、学習指導計画を緻密に構想することを求められているといえる。本稿ではそれを前提に、「大人の物語」の計画ではなく、「子どもの物語」にすることの必要性を論じたつもりである。

さらに、ふれることができなかったが、例えば、体育で「逆上がり」をするという場合、「逆上がり」は到達点として明確に示され、目標となるように、国語科と他の教科とは、この「学習の見通し」については、そのありようがずいぶん異なるところがあるということも考えておきたい。

3 学習記録機能の強化と記録の活用

はじめに

ノートの指導は、学習を進めるうえできわめて重要な要素であるが、その指導がどのようになされているかについては、例えばワークシートなどに比べて、意外と教師間の情報交換がない。そのせいか、ノート指導に熱心な教師とそうでない教師との違いは大きいように思われる。

また、小学校低学年における、「書き込み帳」的な要素の大きいノートと、高学年以上における「学習記録」的な要素の大きいノートとは、その指導も異なる部分があろう。ここでは、高学年以上の「学習記録」的な要素の強いノート指導について考察することとする。

一 学習記録の機能―板書との関連

ノートの機能の中心は、学習記録の機能である。端的に言えば、「ノートを見返して、この期間自分が何を勉強してきたかが思い起こせる」というものである。私自身は、教育実習生の指導のときは、こういう言い方で、ノートのあり方を提示してきた。ノートの基本は、とりあえずはここに集約されているといってもよい。

従来、この言い方は、結果として「板書」の問題と同一視されてきた傾向がある。それは、すでに指摘されているように、ノートが「板書を写し取るもの」というレベルで考えられがちであったからである。

実際、学習指導にあたっては、当面、ノートを持ってくる、ノートを開く、ノートに書くといったレベルの習慣化自体に力を注がざるをえないような実態がないとはいえない。そういった場合には、やむをえず、「板書をきちんと写し取っているか」という観点での、ノート提出、ノート指導にとどまっていることが多い。

ノートを念頭においた板書のあり方の問題としては、「あとで見ても学習が再現される」ノートのために、次のような点についての留意が必要であろう。

- 学習のねらいが明確に見える形であるか（「めあて」や「学習課題」が明確で、その到達点が示されているか）。
- 「小見出し」的なものが的確に記され、学習内容が明確化されているか。

・学習の流れ、あるいは学習者の思考の流れが的確に反映されているか。
・文字の大きさや色遣いなどで、強調点が明確になっているか。
・「読むこと」の学習の場合、文章の内容や構造が的確に提示されているか。
・活動型の学習の場合、活動手順があとから再現できる形で記されているか。

これらの留意点のほかに、実際の授業としては、ワークシートを用いた場合の板書との関係、漢字練習などのために用いる部分との関係等が考慮される必要がある。

二 個人の学習記録とするために

ノートは本来「個人の学習記録」である。その意味では、学習者たちがみな同じ内容を記録している必要はない。むろん、学んだこととして共通に記録されていることはあるけれども、個別の記述があってしかるべきである。

個別の記述の典型に、次のようなものが考えられる。

・学習中や学習後の自分の気づきの書き込み。
・学習課題に対する当面の自分の考えのメモ。

前者については、これまでもさまざまに提言されてきたが、実態として十分なものとなっているわけではなさそうである。時間の終わりに、自己評価に近い形で「気づき」や「反省」を書かせることがあり、これはこれで効果をあげうると思われる。しかし、学習中の個人的な考えや気づきをそのつどノートに記すことは、小・中学生においては、というよりも大学生になっても、なかなか難しい。

授業の展開の中でしかるべきときに、「自分なりに今考えたことを書いておきなさい」といった指示を出すくらいの配慮が必要だと思われる。少なくとも、そういった配慮を積み重ねていかなければ、自分で考えたり気づいたりしたことを書き留めておく習慣はつかないであろう。

後者については、授業の展開方法との関係で考えたい。

話し合い学習場面を形成することが、国語科学習指導のひとつのポイントになると私は考えているが、その話し合い学習場面に入るときの学習課題（発問という形になる場合が多いと思われる）について、とりあえず自分の考えを書き記しておくことが効果的であるということである。

それは少し時間がかかるけれども、自分の考えをメモ的にでも記しておくことにより、話し合い学習場面において、自分の考えを確かに伝えることができる。また、自分の考えを確認しながら他者の考えを聞き、比較することができる。それは、話し合いを有効にするための大切な方法である。さらに、修正したり深まったりした考えを書き加えることによって、自身の学習の成果を確認することもできる。

すなわち、「課題→自分の考えの書き留め→話し合い→課題のまとめ」という過程を作るということである。

これらの作業により、学習記録が個別化され、自身の学習の過程を個々の学習者がたどることができることとなる。

こういった「書き込み」が、「板書を写す」ことと有機的につながって、一連の学習記録となることが望ましい。

三　ノート（学習記録）の活用

ノート指導というとき、私たちはつい、「ノートのとり方の指導」に考えを向けがちである。しかし、考えてみれば、とったノートをどのくらいの割合の子どもたちが「活用」しているのであろうか。何も指導しなければ、せいぜい、テストのための勉強のときに開いてみるくらいではないか。それができる学習者は、どの程度いようか。

ノートが学習記録であるならば、その記録を生かすことを指導しなければなるまい。それは、国語科学習指導にとどまらず、記録をどう生かすかという、教科を超えた課題である。ノートを活用するとはどういうことか、そのことを自覚的に理解している学習者は少ないであろう。

例えば、「前の時間にこんなことをやったよね」「〇〇の時間に何があったか覚えていますか」といった振り返りの場面で、ノートを丁寧に見返す。単元や学期の区切りに、ノートを見返して、自己の学習の振り返り（自己評価）をさせる、などの形でのノート活用は、十分に考えられることである。そのことで、ノートの大切さも理解し、ノートのとり方も変わってくるものと思われる。

最後に、「学習記録」ということばに特化すれば、大村はま氏の実践が典型的な形で想起されるけれども、それは、大村単元学習との関連で考究されるべきものであると考え、ここでは言及を避けたことをお断りしておく。

4 学習の個別化 あるいは段階化の工夫

はじめに

複数の子どもの多様性をいかして学習を活性化させることは、これまでも意識され、実践もされてきた。

しかし、学習態度の多様性や学習の定着度の多様性を利用して学習効果を高めることは、必ずしも簡単ではない。結果として、「遅れている子ども・遅れがちな子ども」をうまく位置づけて学習にいかすということよりも、「遅れている子ども・遅れがちな子ども」をどう指導するかということが問題になる。そしてその指導は、どうしても特別メニューといった方向に流れやすくなる。

またこれまで、反復練習による定着や、学習の課題設定・動機づけの問題が指摘されてきてもいる。

「遅れている子ども」の指導は、実際はともかく、その考え方は簡単である。どういう力が、どの程度遅れており、当面どの程度まで伸ばしたいかを分析的に捉えればよい。そのうえで、その子どもの性格・態度・生育歴・興味・関心・得手・不得手等にかんがみて、指導方法を考えればよい。今日、評価規準を明確にして、到達しているか否かを判断しようというのは、何がどう遅れているのかを明確にしようという取り組みにほかならない。しかしそういったことが実際に子どもに接する教師の実感に添ったものになっているかどうかは、また別の問題であろう。

一 個別化の方向性

大村はまは、子どもたちが「優劣を越えて」学ぶことを標榜した実践家である。

例えば大村は、昭和二十二年の東京の公立中学校で、百人の中学生を同時に担当している。その中学生たちは、「『ウワンウワン』とさわいでいてどうしようも」ない状態であった。大村はその時、新聞や雑誌から教材になるものを百ほど作り、一人ひとりの子どもに「これはこうやるのよ」と指示していったところ、子どもたちは「仕事をもらった者から、食いつくように勉強し始めた」という（『教えるということ』共文社　一九七三　五九〜六四ページ）。

大村のこの実践は、とりあえず学習の態勢にもっていくための方法であったが、今日、その教材を、学習の進み具合によって調整できるとしたら、それは遅れている子どもの指導といおうが、学習の個別化といおうが、それぞれの子どもが本当の意味で学習に向かう効果的な学習の組織であると考えられる。

現実の制約の中で、子どもの数だけの教材を準備することはできないとしても、学習課題を複数にすることはできよう。複数の中から選ばせるか与えるかは状況しだいであるが、そのことで、それぞれの子どもに適合した課題と、着実な一歩の伸びが保障される。

その際、どこまで共通させ、どこから分かれるかの見きわめが重要となるが、一般的に言えば、教師の側に、同じことを全体に共通して教えねばならないという呪縛が強すぎるのではないか。その呪縛にとらわれる以上、遅れている子どもが遅れたままになるのは当然である。遅れているから同じことができないのだという点に立ち返る必要はある。

二　段階化の方向性

日常的な学習指導の中で、「遅れがちな」子どもをどう全体の学習に組み入れていくかということが、実は切実な問題であるように思われる。

文字の練習や表現などであれば、一緒に書いてみてやる、書き出しや話し出しを示してやる、話題を限定、指示してやるなどの方法が有効である場合がある。「できた」という実感をもたせ、ほめてやれば、自信にもつながって、次の学習へ向かう意欲になろう。自分で考えたい状態の子どもにむやみにアプローチするのは論外であるが、できない状態の子どもに少しでもできるように支援することにためらうべきではない。ただ、その方法は、学齢が上がってくると人間関係や自尊心の点から難しくなる場合がある。

読むことの学習の場合は、課題をどう段階的に提示するかが一つのポイントになるように思われる。

例えば、発問にしても、初めは誰でもがわかるような文章内容の確認をして、その前提に立って内容に切り込む発問をする配慮が必要であろう。

発問を軸にした一般的な説明的文章の一斉学習を想定してみよう。

Q1　この文章の題はなんですか。（確認）

Q2　この題からどんなことを考えたり、思いついたりしましたか。（Q1の発展、内面化あるいは課題化）

Q3　この文章では二つの話題が取り上げられています。何と何ですか。（確認）

Q4　二つの話題をそれぞれ少し詳しく説明しましょう。（具体化による確認）

Q5　二つの話題の共通点と相違点を考えましょう。（比較・整理）

Q6　共通点と相違点のどちらが大きな意味をもっていますか。それはなぜですか。（まとめの思考）

Q1・3は誰でも答えられる質問、Q2は正解のない発問であり、そこまではたいていついていける。Q4・5・6は考えなくてはならない発問だが、Q3があるからQ4が可能になり、Q5・6を楽にするはずである。

「遅れがちな子ども」がどこまでついてくることができるのかはその状況による。しかし、こういうステップをきちんと踏むことによって、少しでも目標に近づけることはできるであろう。

この発問を、もしワークシートに代えるとすれば、Q1〜6を一気に記入させるのではなく、Q

4までを一区切りに記入させる。その確認をしたうえで、Q５に進ませ、その話し合いを終えてからQ６に入る。一気に記入させると、その流れの意味を子どもは理解できないから、脈絡なく適当なことを書くようになる。時間としても区切れば、授業展開の平板さも避けることができるし、段階を踏むのでついていきやすくなる。

むろん、早くできる子どもには進ませればよいし、早くできたものどうし、読みあい・確かめあいをさせればよい。

ワークシート一枚をどう作るかは問題であるが、どのように使うかも大きな問題である。どう使うかを念頭に、どう作るかが吟味されるべきなのかもしれない。

おわりに

「遅れている子ども」と「遅れがちな子ども」とに分けることは意味がないのかもしれない。しかし、「遅れている状況にどう対応するか」と「遅れがちな子どもをどう学習に取り込むか」ということは、その具体において大きな違いがある。

「遅れがちな子ども」をどうやって「遅れている子ども」にしないようにするかが、本当はいちばんの問題なのであろう。

5 話すこと・聞くことの評価

一 評価と評定

「話すこと・聞くこと」の評価は、評価について言えば最も遅れている領域である。それは例えば、研究会などで音声言語の発表があったとき「評価はどうするのか」といった質問が出てくることに端的に現れている。そういったときの「評価」は、ほとんど「評定」と同義である。簡単に言えば「テストはどうするのか」「通知表にどう反映させるのか」ということである。

ここに、「話す・聞く」における、「評価」と「評定」の問題が顕在化する。

「評価」は、診断的評価・形成的評価・総括的評価と、学習の過程の全てで行われるべきものである。総括的評価の一つの形式である「評定」あるいは「通知表」が評価の全てではないことはいうまでもない。

逆に言えば、「話すこと・聞くこと」における評価の問題は、学習過程における評価（診断的評価・形成的評価）をどうするのか、さらに単元のまとめとしての評価（総括的評価）をどのように工夫すればよいのかという点に集約されることとなる。

二　「話すこと・聞くこと」の学力観

評価するということは、裏返してみれば、どういう力を育てたいのかをはっきりさせるということでもある。育てるべき力が明確になってはじめて、それが育っているのか否かが判断される。

ところが、少なくとも「話す・聞く」に関する場合、それは簡単なことではない。

例えばスピーチの場合、どういうことに気をつけたらいいスピーチができるのかと問えば、それは中学一年でもそれなりにさまざまな観点から並べ立てるであろう。しかし、それらがどれだけたくさん並べられたかということと、実際にいいスピーチができるかということは同じにはならない。おそらく、どれだけ並べられたかというよりも、そういう経験をどのくらい積んでいるかのほうが大きな意味をもつであろう。

ことばの力（話す・聞くの力）が必ずしも学校の授業だけで育てられるわけではないという、ごく当然のことが、話す・聞くにおいては端的に現れる。

しかしまた当然、知識や技能を無視して学習が展開するわけでもない。知識・技能を意識化させて活動に入るか、活動を通して意識化させるかの問題はあるにせよ、身につけるべき知識・技能を明確化することは求められる。ただし、実際に話す・聞く活動を行うためには、態度的なものが大きく作用する。その態度の育成のための評価にも目を向ける必要があろう。そこで妙な技能主義に陥ることだけは、慎重に避けていかなければならない。

三　「話す・聞く」の診断的評価

「話す・聞く」の診断的評価は、例えば体育の跳び箱のように、一度飛ばせてみれば大体わかる、というようなわけにはなかなかいかない。実際にさせてみることができる場合とそうでない場合がある。また、実際にさせてみれば、それはすなわち学習そのものとならざるをえないところがある。

前項で述べたように、「話す・聞く」の力は、経験で培われるところが大きい。とすれば、学習者の活動体験を確認することが、いちばん重要な診断的評価であろう。そのうえで、「これまで学習した中で、自分が自信をもっていることはどんなことか」「自分の課題だと思われることは何か」といった点を、アンケート法などにより明らかにする必要がある。

考えてみれば、スピーチの能力は学習者による差が大きく、大きな声を出すことがまだ達成されていない学習者もおれば、ユーモアに挑戦できる学習者もいる。それらの実態に一律の技能目標を設定すること自体に無理がある。前述のように診断的評価を行えば、例えばスピーチの学習をするにしても、学習者それぞれの学習目標が設定できるであろう。

四　「話す・聞く」の形成的評価

「話す・聞く」の形成的評価の一つは、学習の振り返りである。

例えば討論の場合、「自分が何に気をつけたか、そしてそれが達成されたか」という自己評価、学習者どうしの観察による相互評価、指導者の観察による第三者評価が考えられる。

その際、相互評価や第三者評価は、学習者それぞれの学習目標を反映したものでありたいし、また、討論をしてよかったという充実感や達成感を態度的なものにつなぐために、否定的な要素を少なくする方向で考えていきたい。

振り返りの場合、ＤＶＤ録画などにより、自身の活動をつぶさに見ることができれば、その効果は大きい。

学習指導においてさまざまな評価法が用いられるが、学習展開上欠くことができないのは、教師のことばによる評価である。

活動型の学習においては特に、学習の展開過程の折々に、活動の充実感がなければ、活動そのものが甘いものになり、「活動あって学習なし」という状況に陥りやすい。そういう充実感を与えることに、教師の評価的なことばは有効に機能する。

経験的にそれを「教師の評価のことば＝評価言」の形で例示すれば、学習展開の折々の次のような教師の言動が想定できる。

- これはおもしろいね。よくできているね。
- それやってだいじょうぶ？
- ここはもう少し○○にならないの。
- 何か必要なものはない？
- もっとどんどんやったらいいよ。
- 自分で満足できてる？
- もっと楽しくできないかな。

●もう少し工夫できるところはない？　　　　　　●どんなところを工夫したの。

●おもしろかったところはどこ？

●難しかったところ、苦労したところ、工夫したところはどこ？

●最終的には何をしようとしているのかな。

●隣の人に意見を聞いてごらん。　　　　　　　●隣の人と比べてどう？

●よくできたと思う？　できばえはどう？　　　●やり残した感じはない？

●次にやるとしたらどんなふうにしたい？　何をしたい？

例えばこうした教師のことばによって、学習者は自身の学習の展開の進捗状況を確認したり、自身のやり方の可否を振り返ったり、さらには、学習の内容や方法をメタ認知したりすることができる。広い意味で、こういった評価言そのものが評価として学習の展開に有効にはたらいているのである。さらに言えば、これらの評価言が学習者の自己評価を促している点にも注目しなければならない。「ここはできていない」「ここはこうしたほうがいい」と評価的、指示的に対応するのではなく、「もっと楽しくできないかな」と工夫を促したり、「やり残した感じはない？」と、現在の達成状況を確認させたりする方向で学習者に向かっているのである。このことは結果的に、学習者の自己確認を促し、自己評価力を形成していくことにつながると考えられる。

そのように考えれば、これらの教師の評価言は、

Ａ　判定的な評価言（「うまくできているね」など）

Ｂ　内省を促す評価言（「どんなところを工夫したの」など）

の二つに大別できるであろう。指導と評価の一体化という意味から言えば、「内省を促す評価言」の有効性が今まで以上に意識されなければならない。

これらの教師のことばは、実は教師自身が無意識に学習展開のうえで用いていることばであるが、それらを評価言として意識化することが、学習をさらに有効に進めることにつながる。

五 「話す・聞く」の総括的評価

「話す・聞く」の総括的評価はいうまでもなく、目標の達成度を測ることである。その目標を、個別の目標とするか、全体の一斉の目標とするかは、学習指導の計画による。

①テスト法

音声言語の学習の総括的評価としてテスト法がなじむのかどうかは、議論の余地があるところである。

しかし例えば、「この学習で気がついたことの中で、自分が意味あることだと思うことを箇条書きしなさい」「討論の際に気をつけるべきことを五点記しなさい」といった設問は不可能ではない。的外れなことでなければ加点するのである。テスト法のみであってよいとは思わないが、実際的な一つの方法である。

②アンケート法

アンケート法は、総括的評価として行うと、テスト法とあまり変わらないものとなりやすい。それを避けるのであれば、自由記述に重点をおくべきであろう。

③観察法

テスト法などが十全な形で機能しないとすれば、評価は観察法を主とせざるをえない。観察法は、客観性を保障できないかのようにいわれるが、実際には最もその場に即応した確かな方法である。

指導者の観察によることで、学習者一人ひとりのこれまでの経緯（成長の過程）を考慮して判断することができる。また、個々の思いに寄り添いながら評価することもできる。

優れた指導者を「子どもが見えている」と評することがあるが、それはまさに、そういう観察が行き届いているということである。そのうえで、例えば「今までこんなことが難しかったのに、今回はここまでできたね」といった評価によって、学習者は充実感と自信を得るであろう。

個々の技能についても、学習者が活動しているわけであるから、観察は難しくはない。教師の経験知に基づく観察法は、もっとその有効性を評価されるべきものである。

6 「聞くこと」の学びは〈どのように〉可能か

遅まきながら最近読んだ『0歳児がことばを獲得するとき』（正高信男　中公新書　一九九三）によれば、人間は胎児のうちから耳が聞こえ、生まれてすぐに母親の声を聞き分けるという。また、母親の呼びかけに応じて、同じような発声をしようとする行為は、一種のコミュニケーション意識であろうが、それは生後十二～十四週間ごろから明確に現れるという。

人間は決して白紙で生まれてくるのではなく、生まれた時からある程度のコミュニケーション能力を有しているというのである。

さて、聞くことに限定して言えば、人間は生まれる前から聞くことを「訓練」しており、そのことによって言語を獲得していくのだと考えられる。「聞く力」「聞き取る力」を「聞くことの学習」と考えれば、まちがいなく人間は「聞くことの学び」を続けている。

そういう意味で、聞くことの学びは可能である。事実人間は、学んで育ってきたのである。

ただ、問題は、「聞くことの学びは可能か」ではなく、学校教育における意識的系統的学習として「聞くことの学びは〈どのように〉可能か」ではないか。

考えてみれば、「読む・書く・聞く・話す」という行為の中で、調整ができないのは「聞く」だけである。

途中で立ち止まって考える、書き直す、話す速さを変えるなど、「読む・書く・話す」については、自分で調整できる部分がある。調整できるからこそ、例えば「読む」において、立ち止まって人物関係を整理する、結論に対する理由を考える、根拠の確かさを検証するなどの読みの工夫（言語技能といってもよい）が可能になる。

学校教育では、例えばそういう読みの工夫を身につけさせることを「読む力をつける」といってきた。それは、調整できる言語活動だから可能であるのであり、「書く・話す」についても大なり小なり同様である。

しかし「聞く」についてはどうであろうか。例えば、音量や速さをこちらが調節することはできない。あるいは、聞き直すことは、相手によっては可能だけれども、日常的にいつも繰り返しできるわけではない。

そのように考えれば、「聞くことの学び」を「読む・書く・話すことの学び」と同じものだと考えること自体に無理があるのではないか。

私は「聞くことの学び」は、次の二つの方向で意識的に行われるべきだと考える。

一つは、「態度や意識の育成」である。

例えば人間は、「言った、言わない」のトラブルが生じたとき、たいてい「相手がきちんと話さないからいけない」と考える。「自分にきちんと聞く力がない」とはあまり考えない。しかし、後者の場合があることは容易に想像できるであろう。

きちんと聞く力が不足しているかもしれない、きちんと聞かなければならないという意識をもつことは、聞くことを意識的に行ううえで、きわめて重要な態度である。そのことを抜きに聞く力の育成は図ることができない。そういう態度の育成に〈どのように〉アプローチできるかが問われている。

例えば、私は「物語を耳で楽しもう」という単元で、小学五年生に「一メートルのリレー」（桜井信夫）という物語をテキストを持たさずに読み聞かせ、三読法的に学習展開したが、そこで立ち現れたのは、「一度聞いたのでは正確には理解できていない」という子どもの自覚であった（拙著『話す・聞くの実践学』三省堂　二〇〇二　所収実践）。これは、「聞く力の意識」や「意外と聞けていないという自覚」を促すという意味では有効な学習指導である。

もう一つは、「技能の行動目標化」である。

例えば「話し手の意図を考えながら聞く」といっても、極論すれば「話し手の意図を考えながら聞きましょう」というしかないのが実情であろう。具体的に何をどうすればいいのかわからず、学習者はたまったものではない。聞くことの学びにはそういう側面がある。

そうではなく、具体的な行動として、「わからないことは聞き直す」「うなずきながら聞く」「メモをとる」「質問をする」などの行動を設定し、その行動ができるようにする学習を進めるのである。このような行動をどのくらい量的に示すことができるか、またそれを身につけさせるために〈どのように〉学ばせるかは、次の課題である。

そういう意味では、スピーチ学習において「聞き手」として何が求められるかを指導することは必要かつ有効であろう。そこは、「うなずく」「メモをとる」「質問を考える」などの実際の場となる。

聞くことの学びは、従来、例えばスピーチの評価表などで、「話す速さは適当でしたか」「みんなの方を向いて話していましたか」「声の大きさは適切でしたか」などを聞き手に確認するようなことが行われていないではなかった。しかしそれは、「話すことの技能の確認」を聞き手に求めているのであり、「聞くこと」の学習ではない。

どのように聞けば「確かに」聞けるのか、本当の意味での聞く学びの成立へ向けて、具体的な学習材が求められる。

7 「聞く」における「技術」と「能力」

「聞く」に限らず、さまざまな仕事や行為において、技術があることと、能力があることは同じなのであろうか。簡単に言えば、「聞く技術」はなくても「聞く能力」があればいいのではないか。ここで問題はその技術と能力は同じものなのかどうかである。あるいは、技術が分節的に捉えられ、育てられなければ、能力は身につかないのかどうかである。

サッカーなどで、「ボールを扱う技術は一流だ」といったとき、その次に「しかし点を取る能力には欠ける」と続けられることがある。「点を取る技術」とはあまりいわない。サッカーでは「ボール扱いのうまさ」よりも「点を取る能力」があるほうが、選手としては優秀である。が、点を取る能力がある選手が、その能力を分析的に自覚しているかといえば、そうでもないことが多い。「点を取るための技術」は、「ボールを扱う技術」を内包するが、決してそれだけではない。「それ以外の何か」は、「ゴールへ向かう気持ち、相手を恐れない気持ち」などのように、「技術」で語られにくいものであったり、「ゴールの位置を捉える嗅覚」のような表現で語られるものであったりする。そのように考えれば、「聞く技術」と「聞く能力」は、決して同じではなく、結果的にほしいのは「聞く能力」であると、私は考える。

安彦忠彦氏は、知識と能力との関係をさいころの形で示された。縦・横・高さの各辺の軸に、

- 知識――態度
- 精密測定可能――精密測定不可能
- 顕在――潜在

という指標をとり、その総体を能力という。「知識、精密測定可能、顕在」にあたる「能力の一部」が「学校で系統的、計画的に指導される」という能力観・学力観である（『新学力観と基礎学力』安彦忠彦　明治図書　一九九六）。ここでいう「知識」は、「技能」を含め、「知識・技能」という形で考えてよいものと思われる。

先のサッカーの例で言えば、「知識・技能、精密測定可能、顕在」にあたるところに「ボールを扱う技術」があり、もう少し「態度、精密測定不可能、潜在」の方向に広がった範囲の能力として「点を取る能力」があるということである。

少し話題を横道にそらした感がある。しかし、「聞く技能」といったとき、能力と技能の関係をある程度明らかにしておかないと議論は前に進まないと考え、駄弁を弄したしだいである。

「能力」を支える「技術」は必要である。聞くことについては、その能力も技術も、これまで明確に捉えられてきたわけではなかった。捉えられたとしても、「電話で用件を聞く」などの具体場面の「能力」として位置づけられたり、「話の中心を捉えて聞く」などのように、「技術」なのか「能力」なのか、あるいはただの「学習内容」なのかわからないような捉え方だったりしてはいなかったか。

早い話、「話の中心を捉えて聞く」といったとき、ではどうすれば話の中心を捉えられるのか。その具体の「技術」が明らかでなければ、話の中心を捉えることができるように指導することはできない。

それは実は「読み」の能力においても近いものがあり、「この場面の主人公の心情を捉えよう」といったとき、どういうところに着目し、どういう筋道で考えたらそれがわかるのかは、必ずしも明確ではない。

だからこそ、その「技術」を明らかにする研究と、その「技術」を育てる実践が求められるのであろう。科学は未知を既知に変えようとするものであるから、「技術」を明らかにしようという研究的方向性には蓋然性がある。

ただ、繰り返しになるが、問題は、「技術」をどういうものだと考えるかということである。学校教育の実践においては「能力」も含めて「技術」だというのであれば、異論をさしはさむ余地はない。しかし、「技術」といったとき、一般には、「こういうことができれば、『話の中心を捉えて聞く』ことができる」という「こういうこと」を念頭におくであろう。「手の着き方をきちんとできれば、跳び箱が飛べる」というときの「手をきちんと着くことがわかる・できる」というのが「技術」である。

そのように考えたとき、私たちは聞くことについて「技術」という意識で能力を捉えてきただろうかという疑問がわく。私自身、人の話を聞くときに、「こんなことに気をつけて聞いたらよくわかる」などと考えたことはない。このことについて、もしかして私は特殊な認識をもっていて、ほかの人はみんな「こんな技術を身につけたら人の話をきちんと聞けます」といえるのだろうか。「この人は何が言いたいのだろう」「さっきの話題と今の話題はどういう関係があるのだろう」「さっき投げかけられた疑問の答えはなんなのだろう」などと、話がわかりにくくなってきたときには考えることはあるが、それ以上のものではない。また、難しそうな話のときは、「ひとつだけでも質問をしよう」という身構えで聞くことがあり、それは効果を発揮するが、それらの私の自覚的な意識を「技術」というのであろうか。

また逆に、「どんなことに気をつけたらきちんと聞くことができますか」と講演会の前に尋ねられたらどう答えるだろう。「しっかり聞きなさい」では話にならない。「話し手の言いたいことは何かを考えながら聞きなさい」ではあたりまえすぎて答えにならない。「話の切れ目に注意して聞きなさい」であれば、なるほどとひとまずは思われるかもしれないが、それできちんと聞けることにはならない。私ならこう答える。「終わりにいくつか質問できるように聞きなさい」

この「終わりにいくつか質問できるように聞く」も含めて「技術」と捉え、聞く活動の「身構え」

としていくのであれば、私はそういう「技術」を否定しない。ただ、私はそういうものを「技術」と呼びたいとは思わない。

「『聞く能力』を身につけるために『聞く技術』が必要だ」という認識は、筋道として当然である。しかし現実に大人が、その「技術」を自覚的に駆使して聞いているわけではないとすれば、それを、子どもに一つずつ身につけさせようということには、無理はないか。

能力を分節化して「技術」の一覧を追究することは、研究的には意義がないとはいえないが、実践的に、その一つ一つをつぶしていけば「聞く能力」につながるという学力観には疑問がある。

聞く能力は胎児の時代から継続して形成されてきた基本的な能力である。意図的に形成する側面が強い他の言語能力とは少し違うところがあるのではないか。その「経験性」を基盤に、聞くことの学習指導を考えていきたい。

8 国語科の授業としての「読むこと」の意味は何か

一 「読む」という行為

おそらく、文字が文字として成立した時から、「読む」という行為は「書く」という行為と一体的なものとして存在してきた。「読む」という想定がなければ、「書く」という意味は生じないからである。そしてそれは初期においては、伝達という機能において成立していたとも思われる。いうまでもなく、音声による伝達が、時間的線条性・一回性という制約をいかんともしがたく受けるのに対し、文字による伝達は、時間と場所を越えるという特色をもっている。今日的には多様な機器の発達でその制約を超えることができるようになったが、それはほんのここ数十年のことであり、歴史的にみた場合は、大きな変化ではあっても、ほんの最近のことにすぎない。文字言語は文化の発達と広がりのために欠くことのできない要素であった。言語の成立が人間社会の発達にとってきわめて重大な要素であったとすれば、文字の成立によるいわば「文字行為」は、その重大さを大きく高めたといってよい。

このように「読む」という行為は、情報の受信、そのことに伴う文化の受容・伝播に大きな意味を有してきた。また、読むという行為によって触発される「自己」は、自分自身の新たな発見や意識の深化を生むという意味で、伝達以上の機能をも有している。

言語は人間にとってなくてはならないものであり、とりわけ「読む」という行為は、主として知識の獲得という側面から、自分自身や社会を高める条件として、昔から大切にされてきた。俗に「読み・書き・そろばん」というが、その筆頭には「読み」があることをまず確認しておかねばならない。

二　読むことの必要性

1──「読む」の社会的意味

読む行為、また読む力の社会的な意味については、取り立てていうまでもないことであるが、改めて確認しておきたい。

先にも述べたように、文字ことばは時間と空間を超えての伝達を可能にする。それは、目に見える範囲の、あるいは声の届く範囲の社会的コミュニケーションを大きく広げ、社会の規模そのものを拡大させてきた。そういった拡大された社会における文化的発達を、広く全体の共有物とするという伝達機能において、「読むこと」と「書くこと」は重視されてきた。

簡単にいえば、有益な情報を、時間的にも空間的にも広く伝えるために書くことが行われ、有益な情報を獲得するために読むことが行われた。

有益な情報を書くことで伝えることができる人は、社会にとって有益な人であり、読むことができる人は、多様な情報を獲得することができる、また獲得してきたという点で、社会にとって有益な知識人として位置づけられる。歴史的には、読むことと書くことは一体的に捉えられ、その力そのものがその人物評価の一つの指標となってきた。書く力・読む力はその人の「文化度」のものさしであった。

「読むこと」は、文化の伝達承継という意味、すなわち言語の伝達の機能において社会的意味を第一義に有する。

今日においても、社会の文化的財産の多くは文字によって伝えられる。その文字を読むということは、現在の社会の文化的到達点に立つことを可能にすると同時に、新しい社会的文化的発展のスタートラインに立つことでもある。しかしそれは、文化的到達点としての文字表現を「読み取る」力がなくてはかなわない。読むことは社会の文化的発展の基礎としての重要性をもつといえる。

「読むこと」「書くこと」が社会的にそのように位置づけられれば、当然、「教育」において、「読む力」「書く力」の育成が図られるし、しかもそれは社会で生きていくための条件として位置づけられることとなる。また、「教育」と考えれば、「有益な情報を発信する（書く）」ことよりも「有益な情報を受信する（読む）」ことのほうが先行することも当然のことである。

子どもの発達から考えても、「文字」を自然に目にして育ち、その中で読むという行為は内発的に行われるが、書くという行為が「読む」に先行するとは考えにくい。また、読むことによって蓄積され、触発された事柄を書くことに移すという「内容と方法」という意味からも、読むことが先行すると考えられる。それは、聞くことと話すことの関係と同じだとはいえないまでも、ほぼ同様の関係で考えることができよう。聞くことの蓄積によって話すことができるようになるのである。

2―「読む」の個人的意味

「読む」の個人的意味の一つは、その個人の社会的位置づけを左右するということである。読む力の育ち、また読むことによる知識の獲得は、その個人の社会的評価の一つの指標となる。さらに、読む力そのものが、社会を生きていくためのツールとしての力となる。「読み・書き・そろばん」という学力観は、そういう流れの中で成立し、意味をもっていたのである。むろんここでいう「読む」は、健常者が文字表現を目で捉えることのみに限定したものではなく、広い意味で考える。

しかしいうまでもなく、読むという行為は文化の承継や知識の獲得にとどまるものではない。

個人の言語能力は、話したり書いたりすることによって獲得される側面もあるが、基本的には聞いたり読んだりすることで獲得される。読むことは、新しい語彙の獲得も含めた知識の獲得であると同時に、新しい言語表現の仕方や思考様式との出会いでもある。読むことは、時間的制約から離れ、繰り返し確認することができる点で、音声に比較して言語能力の獲得の手段として優れているといえる（むろんここで、幼児期の言語獲得における音声の大切さを否定するものではない）。

読むことは、言語能力の獲得として機能するとともに、当然それに伴う思考力の育成につながるものであり、飛躍をおそれずに言えば、思考力という側面からの人間形成に資するものでもある。

さらに、読むことにおける思考体験、思考訓練という側面にふれたい。

俗に「行間を読む」といわれる。作者・筆者は当然文字で表現された以上の背景的な事実や思想を有して表現している。文字に現れたものが全てだというわけではない。文字化されていないもの、あるいは意図的に隠されたものを捉えようというのが「行間を読む」ということである。しかし、その行間にあるものは、作者・筆者が提示するものではなく、実は読み手の中にあるものが引き出されているにすぎない。あるいは、読み手の中にあるものが組み替えられて引き出されているにすぎない。

行間は読み手の手にあるのである。

そのように考えれば、読むという行為は読み手自身の中にあるものを確かめる行為であり、その行為は一つの思考体験であるといえる。そしてその思考体験は、自身のもつ思考の枠組みを超える表現との出会いを前提としている点で、一つの訓練的な学習という側面を有する。行間を読むことは、思考体験であり思考訓練である。

そういう側面が、文学においては強く提示される傾向がある。文学によって触発されるイメージ、思念、思想などは、単に伝達という機能を超え、読み手の中に新しい思考や枠組みを形成する力をもっている。そのことを人間的な行為、喜びと感じることができたとき、「読む」の個人的な意味が社会性を超えて存在するということができる。

三　教室で読むということ

1　教室で読むことの特性

文章を書く立場からいえば、新聞などのように、発信者（書き手）が不特定多数の受信者（読み手）を想定しているものと、手紙などのように受信者（読み手）を特定しているもの、さらに日記などのように受信者（読み手）を必ずしも設定していないものがある。しかし新聞などにおいても、家庭などで新聞記事を話題に話が弾むようなことはあるにせよ、受信者（読み手）相互が関わることは前提にされてはいない。

文章を読むという行為は基本的には個人の営みである。

教室で読むということは、基本的に個人の営みであるはずの「読み」が、個人にとどまらない点に最大の特徴がある。

むろん、テキストを受け止めるのは個人であるから、テキストと読み手の関係においてはあくまでも個人的な営みであることには変わりはない。しかし、教室においては、読みに教師が介入する。ときには読みを限定したり、方向づけたり、意味づけたりさえする。そういう中で、個人の読みが行われるのである。

しかも教室には、同じ環境におかれた他の学習者が存在する。したがって自身の読みは他の学習者の影響を受けないではいられない。

こういう状況下にある読みを否定したり拒否したりする考え方や、否定的な思いをもつ学習者の存在は、ある意味当然のことである。私自身以前に、梶井基次郎の「檸檬」の学習に入ろうとしたとき、文学好きの女子生徒からの「自分だけで読んでいたいので授業で取り上げないでほしい」といった発言を受けたことがある。私自身の授業力の不足を思うと同時に、その女子生徒の気持ちも、自身の学習経験、文学経験に照らしてわかるような気がした。

本来個人の営みである「読む行為」は、教室という場で行われることによって明らかに変質する。教師の介入や学習者どうしの相互作用を前提とした読みになる。その特殊性、またそのメリット・デメリットをどのように捉えておくべきなのか、メリットをどのように生かしていくべきなのか、教室における読みはその検討を抜きに考えることはできない。

2 価値的目標と技能的目標

教室で読むということは、基本的には、文章を材料にして、読む力をつけるという営みである。個人の営みとしても、高校生にもなるとまれに、読書することでテストの点が上がるかもしれないと考えて本を読んでいる子どもがいる。それは、効果がないとは言い切れないが、効果的な方法だとも一概に言えないことは、誰もが知っている。そういう子どもにしても、読むという事実とテストの点が上がるということを短絡的に結びつけて考え、ある程度の量を読んでいるという事実だけが重要で、どういう筋道によってテストの点が上がるのか、どういう読み方をすればいいのかという自覚があるわけではない。

そのように、個人の営みとしての読む行為において、「読む力をつける」といった目的をもつことはほとんどない。その点が、個人で読む場合と教室で読む場合の大きな違いである。

そのことを別の表現で示せば、個人で読む場合はその内容のみに目が向けられがちであるが、教室で読む場合はその表現に目を向けていかざるをえないということになる。

例えば説明的文章を読む場合、極端にいえば、個人で読む場合は、そこに示された内容が、実用的な有益か、精神的満足といった有益かという違いはあるにせよ、自分にとって有益かどうかだけが問題になる。簡単にいえば、カブトムシを飼うつもりもないのにカブトムシの飼い方の説明文は必要ない。読まないだけである。

しかし、教室においては、ホタルに興味があろうがなかろうが、ホタルについての説明的文章を読むことになる。そのとき、「ホタル」という「内容」はどのように扱われるのであろうか。

国語科の学習指導において、実はその内容は、国語科の担うべき力とは関係ないことが多い。文字や方言の話題であれば、それは言語に関する内容という意味で国語科の関わるべき内容となろう。しかし、極論すれば、森林が伐採されようが、クジラが水を飲むまいが、また三日間の約束を破ろうが、その「内容」はことばの力そのものとは関係はないのも事実である。

とすれば、国語科の学習はその内容ではなく、その表現形式を問題にすればよいのであろうか。

私はここで「人間形成」などという大上段の議論をするつもりはないし、その必要も感じない。「人間形成のために内容は必要だ」というのは、逆に当然のことと考えるからである。しかし国語科が、その学習指導にあたって今述べたような問題を抱えていることは事実である。

この問題を学習者の立場から捉え直してみる。

例えば『走れメロス』を読むとき、子どもは何を感じるであろうか。一般には、メロスに寄り添いながら共感的に読み進め、王が改心したことを喜んで終わるであろう。王ディオニスがなぜ人間不信に陥ったかなどと考えることはあまりないであろう。同時に、『走れメロス』の表現に着目して、その表現方法を分析的に捉えようといった視点も、それ以上にないだろう。

この点は説明的文章においてもおそらく同様で、『クジラの飲み水』という説明文を読んでも、クジラが水を飲まないとは知らなかったとか、自然というのは計り知れないものだとかと考えるのが普通で、筆者はこういう内容を伝えるためにどのような表現上の工夫をしたのだろうなどとは一般には考えない。

基本的に、読むという行為はその内容が先行する。とすれば、その内容のおもしろさに浸り、そのうえでその内容を支える表現に着目させるということが、「教室の読み」の道筋である。内容は必要ないというのであれば、電気製品の使用説明書のようなものが「典型的説明文」として学習材化されてよい。

そのように教室での読みを考えたとき、内容を深めて楽しむという側面と、内容を支える表現を捉えるという側面が必要であり、両者がうまくかみ合って進んでいくことで、文章を読む喜びや楽しさが保障され、ことばの力がついていくことが理解される。

内容を深めるために表現に着目するという筋道を明確にするために、内容を深めるという視点からの「価値的目標（その文章を読む値うち）」と、内容を支える表現をことばの力として捉える「技能的目標（読みの着眼点としての技能）」が必要になるのである。

教室における〈読み〉は、そういった構造でその特殊性が説明される。教師は、内容を深めるための支援をしつつ、技能に着目する支援を行うことになる。そのとき、その方法として、教師と学習者を結びつけることばかりを考えるか、学習者どうしが関わりあう場を設定し、その場に対して支援を行うように考えるかは、また違った意味で重要な問題である。

四 「読むこと」に関するいくつかの問題

「教室で読む」ことは、いかんともしがたく、他者の存在を意識することになる。それは、他者との関わりの中で読むことであり、そのことによってこそ立ち現れるものがある。「教室で読む」ことに関して、教室で読むからこそ生まれるいくつかの問題についてふれておく。

1 音読と文体の形成

中学校の教室で、音読はどのように意識されているであろうか。

経験的にいえば、きちんと意味内容を伝えるように読もうという方向で指導されている教室ばかりではないであろう。みんな一斉にある程度内容を捉えるために声に出して読む、ひとまずすらすら読めればそれにこしたことはない、といったレベルで指導されてはいないか。

教室に音読はあっても、音読指導はあまりなされていないのが実情ではないか。

そういった実態は、小学校における教室実態とは相当に異なる。小学校では、斉読、追従読み、役割読み、群読などの「読み方」のバリエーションも含め、音読指導がなされているし、特に低学年では、すらすら読めること自体が理解度を示しているという認識に立って、音読が国語科学習で重要な位置を占めている。

では、中学校では音読指導はあまり必要ないのであろうか。

私は次のような点で、中学校における音読の指導が必要であると考えている。

一つは、特に遅れがちな学習者にとって、すらすら読めるようになるということは、学習の目標と方法がはっきりしている点で、学習の励みになることである。またそれは、そのこと自体が学習効果として現れるということでもある。中学校においても、すらすら読めるということ、学習が進んだ学習者においては意味をきちんと伝えるように読めるということを、学習のひとつの到達点として考えてもよいと思われる。

さらには、文体の形成という点がある。

読書を積み重ねた学習者が、好きな作家の文体に似た文章を書き始めるのは、珍しいことではない。言語を蓄積していくことは、学習の基本である。そういう意味で、良質の言語を蓄積することが望まれるが、その蓄積の方法として、声に出して読むことの意義は大きい。そのことが、自身の文体形成の一助になることは疑いないであろう。

こういった音読は、教室ならではの「読むこと」である。

2 ことばの大切さ、ことばのもつ力の認識

読むという行為は基本的には個人の営みである。それを教室という場に位置づけることの意義は

すでに述べた。それは、学習者どうしの触発による読みの豊かさ、ことばの発見であり、それは教師のはたらきかけによって学びとして成立する。

子どもが一人で読んでいるとき、ことばの学習として獲得してほしい「ことばの豊かさ」「ことばのもつ力」への開眼、またそれを通しての「ことばについての関心の深まり」といった点については無自覚になりやすい。そこに、教師のはたらきかけの意義が生じるわけであるが、従来そのはたらきかけが、あまりに微に入り細に入りといったものであったり、学習者の生活意識からかけ離れたものであったりし、結果として学習者の意識にそぐわないものとなる傾向がないわけではなかった。

一方、表現にはあまりふれず、その内容のおもしろさだけを追及するような国語科学習がなかったわけでもない。そういった学習は、ときに道徳と区別のつかないようなものになったりすることもあった。

いずれにしても、例えば次のような内容の扱いは、ことばの学びとしての国語科学習において重要な視点ではないか。

魯迅の「故郷」で、久しぶりにルントーと再会した場面である。

彼は突っ立ったままだった。喜びと寂しさの色が顔に現れた。唇が動いたが、声にはならなかった。最後に、うやうやしい態度に変わって、はっきりこう言った。

「だんな様!……。」

わたしは身震いしたらしかった。

一般にここで「だんな様」と言うルントーの心情、またそれを受け止める「わたし」の心情を捉えることになるが、この表現の中の「身震いしたらしかった」の「らしかった」に着目させたい。

おそらく、学習者が一人で読んでいたのではこだわらないところである。しかし、こういった一つの表現がどれほど心情を語るうえで機能しているかを理解することは、国語学習の中心においてもよいような問題である。学習者の意識に沿いつつ、こういった部分を取り上げることは、教室で読むことの意義を学習者に自覚させることにもなるであろう。

いくら細かなことばであっても、それに着目することでわかることが多ければ、学習者は学びとして意味づけるであろう。その点へのためらいがあっては、「ことばの大切さの自覚」などおぼつかない。

3 読書行為としての成立

文章を分析的に読むことは重要なことである。しかし、その結果、「分析した」ことが目的になったのでは、読みの豊かさは生じない。文章を「腑分け」するだけで、その本質には迫らないといったことが、特に説明的文章や古典の学習などにはみられるのではないか。

読みの終着点は常に「自身との関係に位置づける」ことである。それは、内容（価値的なもの）に共感したり反発したり、また自分を発見したりすることで、自分自身の読書行為として成立したかどうかということでもある。先に述べた物言いで言い換えれば、「読むことの個人的意味」が充足したかどうかということである。その点をおろそかにして国語科学習における「読みの豊かさ」はありえない。

そういう意味では、「味読」にあたる学習過程を見直す必要があるように思われる。読みを学習者に預けきるのではなく、学習者が自らの読みを確認する場を学習過程に作るのである。そのことによって、学習者は自己と向かい合う。ただし、その結果をどのように教師が受け止めるか、捉えるかということは、別の問題であり、介入しないというのも一つの方法であろう。

●おわりに

国語科授業としての「読むこと」の意義を、他教科の授業との比較ではなく、一人で読む行為との比較において論じた。結果として学習指導方法に傾いた論述となった。

しかし「読むこと」の学習の重要性を、私自身は再確認しておきたかったし、それはまた指導方法の改善を伴わないわけにはいかないと考えたのである。

学習者どうしの触発を教室でどう具現化するのか、またその場での読みの深化に教師がどのように関わるのか、「教室での読み」の根幹の問題として追究していきたい。

9 文学(「こころ」)を教室で読むことの意味

はじめに

「文学を読むことの意味」については、そもそも人間にとって文学とは何かといったレベルからの問題があるように思われるが、国語教育研究者としての私の任はそのレベルではなく、学校教育において、とりわけ「国語科教育において文学を教材とすることの意味」という点にあろうかと思われる。そのことが、これまでと質的変容を遂げた「今日的意味」として提示できるのかどうか、私なりの考察をしていきたい。

その前提として、これまで歴史的に取り上げられてきた、「文学」を独立教科あるいは科目として扱うべきだという立場には立たない。「国語科」は、ことばを学習対象・内容とする教科であり、ことばの発露としてさまざまな形式があり、その中に文学も当然含まれると考えるからである。

ここでは、国語科教育の立場から、夏目漱石「こころ」を取り上げながら、国語科教育における「こころ」の取り扱いの問題、「こころ」という文学作品を読むことの意味、さらには文学を読むことの今日的な意味について論述することとする。

一 「文学教育」と「文学の教育」

いささかことば遊び的に聞こえるかもしれないが、はじめに「文学教育」と「文学の教育」について整理しておく必要があるように思われる。

「文学教育」は、典型的には文芸・芸術としての「文学」を教育内容としようとするものである。したがってそれは、当然言語そのものを表現のありようとして問題にもするけれども、むしろ作品の思想や美、あるいは感動を学びの対象におこうとするものである。あるいはさらに、文学によって学習者に思想の形成を積極的に促すというところを「文学教育」と捉える考え方もある。

「文学教育」といわれるものが、ときに思想的な方向性をもつのは、そのような位置づけによる。

しかし、「文学教育」についてはこれまでも、

○文学は基本的に価値観や秩序の破壊や変革に向かうものであり、秩序の維持を前提とする学校教育とはなじまない。
○文学の本質は感動であり、感動は教育できない。
○文学よりも、社会生活における実用的な言語能力の育成を主とするべきである。
○言語の教育から切り離して、文学を領域として独立させるべきである。

などの考え方が歴史的に提示され、文学と教育の相性の悪さが指摘されている。そういった議論の結果か否かは別として、現在「思想の形成」を第一義の目的にするような「文学教育」は、そういった方向を敬遠する学習指導要領の徹底もあり、学校現場の一般的な認識とはなっていない。

それに対して「文学の教育」は、国語科教育の中で、言語の発露の一形態としての文学を教材として、あるいは教育内容として位置づけようとするものであるが、現在の状況としては、「文学教育」の概念が「文学の教育」とあまり変わらないものとして理解されているといってよい。

明確に「文学の教育」の立場を取るとしても、文学作品を扱う以上、その言語形式だけを問題にするわけにはいかない。言語は形式として存在はするけれども、単に記号として存在するのではなく、その内容に支えられているからである。

言語を学ぶとき、その内容を無視するわけにはいかないことは当然である。むしろ、言語を真に人間的な営みのツールとして捉えれば、例えば「読む」といった言語の活動は、その内容の理解・探究が目的とならざるをえない。つまり、たとえ教室での学びであるにせよ、「読む」という行為は、その内容を理解するという目的のもとに行われ、その内容の理解をより深めるために言語の技能としての「読み方」が必要となるということである。

文章（作品）の内容を探究する過程で、さらに深く豊かに読むための技能が必要となる、というのが、国語科の学習の基本的な筋道であろう。そのことで、学習者は内容的な満足感を得つつ、技能を知識としてではなく実際に有用なツールとして身につけていく。内容的な満足感は、次の読む行為に向かう態度やモチベーションを保証することにもなっていく。

このようにみたとき、近年の学習指導要領は「言語の教育」を標榜しており、内容の豊かさよりも技能を前面に押し出しているといえる。もし内容の豊かさを捨象して形式や技能を抽出すれば、当然それは、単なる知識としてしか機能せず、人間として生きていくに必要な力となってはいかないであろう。

二 「文学の教育」における「価値目標」

国語科教育の目標を、「価値目標」「技能目標」「態度目標」に分節して捉えることは特殊な考え方ではない。読むことについていえば、その文章を読むことの値うち、その文章を読んで理解したいことや考えを深めたいことが「価値目標」である。「技能目標」は、その文章を理解・分析していくうえで必要な技能、その文章を学習する中で身につけることが期待される技能のことである。「態度目標」は、一教材で達成できるようなものではないことが多いが、その学習の中で培うことが期待されることばやその活動についての態度である。

学習者がある文章を読むとき、その読解技能を先に意識することはまずない。それは学習者だけではなく、一般に私たちが文章を読むのに、技能を身につけようとして読むことはまずない。読むという行為は、基本的にその内容の理解や探究に向かうものである。

したがって、学習はまずはその内容理解・探究に向けて進められるはずである。それは「価値目標」の達成に向けて、それを目的に読んでいくということである。「価値目標」が設定されない（教室単位であれ、学習者個々であれ）ということは、その文章を読む内容的な意味を認めないということである。

「文学教育」といった場合、その「価値目標」が主たる目的になって、「技能目標」が無視とまではいかないまでも軽視される傾向にあるのではないか。逆に「文学の教育」といった場合、「価値目標（内容）」に学習者は引きずられているにもかかわらず、最終目的は「技能目標」のところに落ち着いていく。ただ実は、そのように単純に両極としてみることは現実的ではない。授業の実態としていえば、どちらの立場を意識していようと、優れた授業実践はその両面を備えているものである。

三 「こころ」の取り扱いの問題

1 採録部分の問題

「こころ」はほぼ高校二年生の教材として教科書に採録されているが、芥川龍之介「羅生門」（高一）、中島敦「山月記」（高二）、森鷗外「舞姫」（高三）と並んで、高等学校国語科のいわゆる「定番教材」といわれている。

しかし、他の定番教材と異なり、「こころ」は作品全体が採録されているわけではない。作品全体を採録しようとすれば、現在の教科書規模（ページ数、それを規定する価格、厚さについての生徒の負担等）であれば教科書一冊全てが「こころ」ということになってしまいかねない。

漱石作品を教材としたいという現場のニーズについて論ずる必要はないと思われるが、このほかの作品としては、小品として扱う「夢十夜」の一部、「硝子戸の中」、長編の部分採録として「三四郎」「それから」「草枕」、さらに俳句、また評論「現代日本の開化」「私の個人主義」等がある。漱石作品の代表的なものを読ませたいという願いを前提としたとき、小説として全体を掲載できるような長さと内容が伴うものはなかなか見あたらないということであろう。

結果として、現在多くの教科書は「こころ」を採録し、作品の「上・中・下」の構成を示しつつ、粗筋を付して、「下」の四十章から四十八章、すなわち、図書館から散歩に出てKがお嬢さんのことを改めてもち出す場面から、Kが自殺する場面までを扱っている。さらにその後の粗筋もつけ加えられている。また、その前後に少し広げたもの、四十から最後五十六まで採録したものもある。(このあたりの採録の状況については、高山実佐「『こころ』の授業再考」『日本語学』二〇〇四年七月号に詳しい。)

2 教室での扱い

「こころ」の実践を文献からみてみると、多くの実践が作品全体を読ませる指導過程をとっている。さらにいえば、当然授業時間の中では読ませられないから、夏休みの宿題にするなどのいわば家庭学習の形で全体を読ませている(むろんこれは実践報告としてあがっているものについてのことであり、現場実践の普通の姿というわけではない。私が学生に確かめたところ、国語科教員免許状取得希望者四十一名中、「こころ」全部を読んで授業が進められたという者は二名。しかもそれは夏休みの読書感想文の宿題として読んだもので、同じ高校の同じ先生の指導によるものであった)。

ここにはおそらく文学作品を教材とする場合の二つの問題が横たわっている。

一つは、全体を読ませなければならないのか、という問題である。
もう一つは、なぜ他の作品ではなく「こころ」の全体を読ませるのか、という問題である。

(1) 全体を読ませることについて

以前にある高校の先生の教育研究大会に参加した時のことである。「こころ」の実践研究発表があったのだが、発表者は「『こころ』は全体を読まなければ意味がない、全体を読まなければ『こころ』を読んだことにはならない」と強調された。それに対して私は、「『こころ』は教科書採録部分のみでも学習の意味はあるので、全体を高校生全てに読ませなくてはならないということではない」と発言した。

今回この論考を記すにあたって、私は改めて「こころ」を読み直したが、正直にいうと、作品のすばらしさをこれまで以上に感じた。生徒の変化に基づいた学校現場のニーズは、明確に「易しいもの」へ傾斜している。「舞姫」「山月記」はもう扱うこと自体が難しいとさえいわれる。私自身は、それでもそれらの作品を教科書から外そうとしたときに、代わる作品がないではないか、という思いでいるが、「こころ」についても、たとえ言葉遣いは多少難しくても、現代とは異なる表現方法があったとしても、あるいは採録部分が長いといわれようと、この作品のもつ圧倒的な力は、教材として捨てがたいと思った。

現場の心ある教師が、だから「こころ」は必要だと考え、さらには「全体を読ませたい」と思うのは、当然のことと思われる。したがって「『こころ』は全体を読まなければ意味がない、全体を読まなければ『こころ』を読んだことにはならない」と現場の教師が思い、語ることに異議をさしはさむつもりはない。

全体を読まなければ「こころ」を読んだことにはならないのは、当然である。全体を読んでいないのであれば、読んだことにはならない。そんな形式の問題ではなく、青年である「私」が語る先生との物語、というときに、「下」の一部だけ読んだのでは、主人公は誰かということ自体が揺らいでくる。遺書を通して先生の生を読むと同時に、それに関わる「(青年である) 私」も読むのでなければ、何のために「中」があるのかさえわからなくなってしまう。全体を読まなければ「こころ」を読んだことにはならない。そしておそらく、全体を読んだほうが「おもしろい」。

したがって、全体を読ませることができるような学習実態、学習環境にあって、教師が読ませたいと思うのであれば、おおいに全体を読ませればよい。そのとき、生徒におもしろかったと思わせるか、負担が大きくうんざりしたと思わせるかは、教師の指導の工夫の力量の問題である。国語教育学は、学習指導を学習者の実態から出発させるという一点で、その点をも問題にせざるをえない。

改めてしかし、本当に「全体を読まなければ意味がない」のであろうか。

極論すれば、例えば「源氏物語」を全部は扱わない。平家も徒然も枕も然りである。それが問題にならないのは、古典文学は文学の学習ではないと考えられているからだろうか。なぜ古典は、「全部を読まないと読んだことにならない」とは言われないのであろう。

古典文学の場合、たとえ教室で読むのは部分でも、その部分なりのテーマ性の中で、そのおもしろさを味わってそれでよしとしているのではないか。そういう立場になぜ「こころ」では立てないのであろうか。

たとえ部分であっても読ませる価値があるということと、全体を読ませないと意味がないということの間には、大きな隔たりがある。

全部読ませるに越したことはないが、全体を読ませないと意味がないと考えるには無理がある。事実、先述のようにほとんどの現場では全体を読ませてはいない。国語科授業としてその目的・目標の立て方、また展開次第では、部分の読みで十分に意味があろう。また、生徒の実態を考えれば、全部読ませようとすることで授業についていけなかったり、うんざりしたりする生徒が生まれる、あるいは年間指導計画への位置づけを考えれば、他の学習事項がおろそかになることなどが懸念される。それよりも、部分であってもおもしろいと感じさせ、全体を読んでみたいと思わせる、またこの他の作品も読んでみたいと思わせるような指導のほうが本道であろう。

私は、作品全体を読ませたいという国語科教師の熱い思いは支持するし、そういう思いをもって学習指導にあたってほしいとも思うが、それを実際に可能にするには、学習者から出発する学習を真に可能にするための教育学的な方法と技術が必要であるとも考えている。

(2) なぜ「こころ」を取り上げるのか

もし、作品全体を読ませなければ意味がないというのであれば、現場はなぜ「こころ」なのであろうか。全体を読むために文庫本を買わせるのであれば、「それから」「三四郎」を買わせても同じことである。この点はこれまで、現場レベルではほとんど論じられてこなかったのではないか。

私自身が「こころ」を教材として十分でないと考えているわけではない。しかし、全部を読ませるというときに、これまでの「それから」や「三四郎」では、このことは大きな問題にはならなかったように思われる。

実際には教科書に「こころ」が載っている。「こころ」を扱うのであれば全体が必要だ、という認識にすぎないのではないか。作品全体を読ませないと意味がないというのであれば、なぜ「それから」や「三四郎」などの漱石作品ではなく「こころ」なのか、あるいは「硝子戸の中」などの全体が提示できるものが選ばれないのかという点についても明確な回答が求められるであろう。

逆にいえば、全体を読ませたいと思ったときに「こころ」が選ばれるのであれば、それが「こころ」が高等学校国語科教材として力をもっているという証明なのかもしれない。

四 「こころ」の価値目標

「文学を読むことの意味」と大上段に構えれば、それは当然先述の「価値目標」的なところに重点をおくことになろう。するとそれは、人間やその心のありよう、生き方、考え方、また芸術的な美といったものになっていく。

そういった「こころ」全体についての「教材的価値」は、「こころ」を読む意味という点において、文学研究における作品論から導き出される内容と大きく変わるものではない。

これまでここで一つの問題としてきたのは、教科書採録の部分でも読む価値があるのか、という問いである。それは、この限定されたテキストから、学習者が、文学によって喚起されるであろう「人間についての認識」を得ることができるか否かということである。そのように問題を整理すれば、作品の部分からでは人間に関する認識を深化拡充することはできない、とはいえないことは明らかである。

以前に、「こころ」を粗筋的に紹介しながら若者に議論させたり感想を求めたりするテレビ番組があったが、最後の若者の感想に「自分はなんて軽薄に生きてきたんだろうと思った」というものがあった。粗筋のレベルであるにもかかわらず、「こころ」はそういう感想をもたせることができる作品なのだと思わされた。

さらにいえば、生徒たちは「上」「中」を含め粗筋を理解しており、作品全体に全く無理解のまま採録部分を読んでいるわけではない。

確かに、四十章から始められると、「例の事件（Kの告白）」「養家問題（Kの身の上のこと）」「『精神的に向上心がないものはばかだ』といういきさつ（旅行中のやり取り）」などについて理解できないところはある。しかし、一応粗筋の中で、遺書の中の「私」の財産問題、下宿の事情、Kとの関係、Kの育ちの事情、「精神的に向上心がないものはばかだ」というやり取り、Kのお嬢さんへの思いなどについては語られており、予想もつかないことではない。

とすれば、この部分を深く読むための情報は基本的に与えられており、それは、本文そのそのではないからだめだというものでは必ずしもなく、高校生が自分で読んでいけば、その程度の情報を頭に残している程度であろうとも考えられる（むしろ教師の中には、粗筋はできるだけ簡潔なほうがよいというものもいる。詳しくしても、生徒は「私」がどの「私」なのかわからなくなって混乱するという）。

「こころ」の「下」の、Kの自殺に至る教科書採録場面で、生徒たちが次のような点を意識しながら、認識を揺さぶられたり、考えを深めたりすることは容易に想像できる。

- Kの告白に対する「私」の対応の仕方。
- お嬢さんを自分のものにするための「私」の策略的行動。
- Kのような純粋な人生についての考え方。
- 「覚悟」ということばとKの自殺の原因。
- 「私」のような経験をした人間のその後の生き方。

「こころ」全体を読む値うちについてはともかく、このように考えれば、教科書採録部分のみにおいても生徒にとっての「読む値うち」は保障されていると考えるがいかがであろうか。おそらく生徒は、「自分が好きな人を友人も好きだとわかったらどうするか」といった単純な読みから、学習を経て、「Kの自殺の原因」や「『私』のその後の人生」について考えを深めていくことになる。

五　今日の国語教育と文学

1　授業で読むということ

今日の国語科教育は、実態がそうなっているかどうかは別として、作品について「しかるべきテーマがあって、それに学習者の読みを近づけていく」という考え方は取らない。むしろ、「読者としての学習者の中に形成されたものは何か」を大切にしようとする。結果として「観賞」「批評」を大切にすることになる。

もしそれが実現されるのであれば、「こころ」を部分で読むか全体を読むかといった問題は卑小化される。与えられたテキストの中で、読みを深める、認識を深めるということが保障されればよいわけで、漱石が何を考えたかがいちばんの問題ではない。

そもそも、書いた漱石のレベルで生徒は読まない。それは大なり小なり、大人でも同じことであろう。その読者の心の発達や文学への理解の度合いによって、読みは変わってくる。そういう稚拙な（と教師が思う）読みを、教師の読みに近づけることが可能な場合もあろうが、学習者の読みの現在の到達点からかけ離れると、授業が空中戦のようになり、学習者にはもともとの自分の読み以外には何も残らないということになりかねない。また、教師の読みも、どこまでの深みを有しているのかは判断できない。教師も生徒も、読みの発展途上にいることは、おそらくまちがいではない。

しかし、先に述べた「学習者の中に形成されたものは何か」といった学習観で教室に臨めば、学習者一人ひとりにとっての「価値目標」の存在は首肯できるであろう。それは、文学を読むことの本来的な意味である。

2　他者を生きることの保障

さらに、今日的な意味を学習者の現状から考えたとき、子どもの育ち自体に体験的な育ちの弱さの問題があり、その点から、文学を読むことの今日的な意味を語ることはできよう。「追体験」ということばを持ち出すまでもなく、自身の育ちの世界の経験以外に、あらゆる人生を垣間見ることができるのが文学である。現実体験が弱いとすれば、追体験・疑似体験で補うことに意味は生ずる。

また、追体験が「他者を生きる」ということにつながるのであれば、多様な他者を通過することによる想像力の問題も指摘することができよう。大上段に振りかざすつもりもないし、飛躍があることも承知のうえでいえば、現在の子どもの育ちの大きな問題に他者への想像力の欠如があり、それが現象的にさまざまな問題を引き起こしていると思われる。文学世界をより深く通過する、より切実な追体験をすることが、そういった想像力あるいは他者意識の育ちにつながっていくのではないか。

3—教室における他者意識の形成

そのために、教師が読みを与えるという授業観からどのように脱却し、学習者どうしの相互触発によってそれぞれの読みに刺激を与えていくかが問われているといってよい。講義型の授業ではなく、発問による一答式の授業でもなく、課題から話し合いになっていくような授業となった場合、そこでは文学世界と教室の仲間という多様な他者の経験を重ねることとなる。自分とは違う読み、解釈をする他者、異なる印象や感想をもつ他者が教室に立ち現れることになる。他者の読みを通過することによって、他者を理解する、そして自身の読みを深めるという体験は、文学の内容そのものというよりも、文学を媒介として現実の他者を受け止めるということになる。こういう他者経験は、文学世界の他者同様、大きな意味をもつことになる。

実際、例えば小学校の授業などでは、熟慮の結果であれ、思いつきであれ、多様な発言が現出しており、子どもたちは強烈な他者経験をしているともいえる。さらに、真剣な話し合いが保障されれば、そこでは本当に「ことばでものを考える」という国語科教育の本質が立ち現れることにもなり、「こころ」はその話し合いを成立させる内実を有している。
子どもの育ちについての他者意識あるいは想像力の形成の意味は大きい。

おわりに

昔からいわれているように、「文学そのものの教育力」はあるといわざるをえないし、国語科教育においてその点を「価値目標」として位置づける必然性はある。しかしその価値目標は、道徳のように一つの方向性に向かうものではなく、一人ひとりの学習者の中で十人十色に深まっていくものである。その過程で、想像による追体験、人間についての認識の深まり、ことばの機能や美に対する認識の深まり、読み方についての技能の向上が、教室という複数の読者が交流する場を基盤に図られていくということである。そういう過程を想定すれば、「文学」と「国語」を教科領域として明確に分けることは難しい。

「書くこと」をめぐって

10

俳句の創作教育のあり方

はじめに

地域によっても大きく違うのだろうが、学校教育で俳句の創作が取り上げられることは、そう珍しいことではない。

私の住む松山では、正岡子規はじめ、そうそうたる俳人を輩出した土地であることから、町中に「俳句ポスト」があり、大人、子ども、旅行者、誰ということなく投句できるようになっている。そういう雰囲気の中、子どもたちが俳句を作るきっかけになる環境は整っており、例えば子規記念博物館が毎年「子規顕彰松山市小中高校生俳句大会」を開催し、今年(二〇一一年)はその第三十六回にあたる。

松山の小学生は夏休みの宿題に典型的に表れるように、ほぼ毎年一定の数の俳句を作っているといってよい。それを進化させた形で、全国募集であるが、「夏休み　句集を作ろう！　コンテスト」（朝日新聞社・日本俳句教育研究会・㈲マルコボ．コム主催）というイベントもある。これは、創作句四〇句を句集の体裁にしようというものである。これも五年めを数えて定着した。

ある校長先生は「よく探せば俳句の募集はいくらでもある。常に作らせておいて、その募集の傾向にあったような俳句を応募すれば、けっこう入賞してくれるので、子どもも喜ぶし、学校の士気が上がってよい」とおっしゃっていた。そういえば、ペットボトルのお茶にも、俳句は入り込んでいる（伊藤園新俳句大賞）。

しかし一方、そういう雰囲気とは遠く、俳句の創作に親しめない環境も多かろう。また、作らせてみようと思っても、どのように指導したらよいのかわからないという指導者も多いにちがいない。本稿では、学校教育において「俳句を作る」という学びをどのように組織するかについて、その評価も含め若干の考察を試みる。

一　学校教育における位置づけ

俳句に限らず、短歌や詩についても、学校教育では（学習指導要領では）創作がその内容としてこれまでは示されてはいなかった。つまり、作らせなくてもよかったのである。

しかし現実には、韻文については創作させる機会が少なかったとはいえない。特に児童詩教育という形で、詩の創作指導に力を入れてきた歴史はある。これまでは、作らせる必要はないけれども、韻文の短さという気軽さもあって、作らせてみようという意識は教師にはあったと思われる。創作の場は、国語の授業でもあったし、学級活動や校内の創作のコンクールでもあったりした。

これまでの「作らせなくてもよいが作らせる」という指導では、「（学習指導要領はともかく）作らせたほうがおもしろい」という意識で実践したり、例えば以下のような理由づけを意識的にも無意識的にも行って、学習指導要領とのつじつま合わせをしてきたりした。

- 俳句という言語文化形式を理解し、親しむこと。
- 創作により、鑑賞の視点等を獲得し、鑑賞の力を高めること。
- 一つのことばの大切さ、ことばの豊かさに気づき、ことばの用い方に自覚的になること。
- 五七五のリズムに親しみ、言語感覚を育てること。
- 想像力を育てること。
- 季語などの学習を通して、語彙を広げること。

簡単にいえば、「作ることによってより親しめるだろう」「作ることによって鑑賞の力につなぐことができるだろう」「作ることによって言語感覚や語彙など、他の指導事項につなぐことができるだろう」といった説明がなされてきたのである。

平成二十年告示の学習指導要領では、「創作」が国語科の内容に加えられ、小学校は平成二十三年、中学校は平成二十四年、高等学校は平成二十五年から、新しい国語教科書に、俳句とは限らないが、短歌・詩・随筆等の創作が盛り込まれることになった。

では、国語科学習における「創作」のねらいは何か。学習指導要領解説では、創作について例えば次のように記されている（傍線は引用者）。

［小学校高学年］

身近な情景や生活の中での出来事をとらえ、伝統的な定型詩の特徴を生かした創作を行うことによって、七音五音を中心とする言葉の調子やリズムに親しんだり、凝縮した表現によって創作する楽しさを味わわせるようにすることが大切である。創作によって、短歌や俳句の特徴を一層理解するとともに、それらを更に読もうとする態度を養うことにつながる。

［中学校二年］

身の回りの物事や体験、心の動きなどをとらえて詩歌をつくったり物語を書いたりすることは、生徒のものの見方や感性を豊かなものにすることにつながる。例えば、事柄や心情が相手に伝わるように、描写を工夫して書くことなどの指導に効果的である。

［高校国語総合］

「詩歌をつくったり随筆などを書いたり」することは、文学的な文章を創作する言語活動であり、小学校及び中学校を通して一貫して取り上げている。それを踏まえ、高等学校においては、物事を見つめ、思考し、想像し、構想し、それを表現する活動の一層の充実が大切となる。そこで、「情景や心情の描写を取り入れ」ることを前提としている。

この活動を通して、語句の選択や表現の仕方を工夫したり、出来事や経験のもつ意味を問い直し、自らのものの見方、感じ方、考え方を見つめ直したり深めたりすることができる。

ここに示されているのは、従前の創作指導で潜在的に意識されていた「創作する楽しさ」「ものの見方や感性を豊かなものにする」といった視点である。学習指導要領に示されたことにより、これらの点が日の目をみた、つまり「楽しさ」や「感性の豊かさ」を前面に出すことにためらいがなくなったことは、よしとすべきところであろう。

二　俳句創作指導の意義

俳句創作指導の意義は多様に考えられる。その最も大きいものは、創作を通した文学体験であろう。もっと単純には、創作すること自体の楽しさといってもよいかもしれない。

その多様な意義の一つを、言語感覚の育成という視点から捉えることは可能である。

青木幹勇氏は『俳句を読む、俳句を作る』（太郎次郎社エディタス　二〇一一）で、次のように述べている。

> 古賀さんは、
>
> ぴかぴかのいわしを持ってごん走る
>
> の上五と中七はすっとできたが、下五ができない、「兵十のうちへ」としてみたが、ゴロがわるい、つまり字余りで、リズムが整わない。語順を変えてみたが、うまくない。結局、「ごん走る」で調子が合ったといっています。〈中略〉国語科の学習内容の一つに、「言語感覚」があげられています。「言語感覚」の指導を目標に掲げた授業はしばしば見せてもらいましたが、その授業の中で、なるほどとうなずける的確な指導の場面を見たことはまだありません。作句

の学習は、右の例でもわかるように、子どもたちを、ことばと四つに組ませてくれるのです。

（一〇〇〜一〇一ページ）

これは、「ごんぎつね」をもとに、その場面から題材を得て俳句を作るという学習成果として語られたものである。子どもは四年生で「ごんぎつね」を学び、六年生で俳句を作っている。青木氏は、「ごんぎつね」を題材とする必然性について、

- 俳句になる契機を多く孕んだ物語である。
- この物語には、どこにもここにも、季語がころがっている。

等の理由をあげている。

こういう作らせ方についての可否は、ここでは論じないが、それは、「生活に基づく」ことになっているのか、すでにある「感動」に依拠することはよいことか、そもそも子どもの内発性・主体性は保証されているのか、等々の疑問が提示されることは事実であろう。

ただ、青木氏の目的は、「第三の書く」がそうであったように、「書くことで読みを深める」ところにもあったと思われるし、氏が指摘するように「言語感覚の育成」についての成果は否定しがたいところである。

俳句や短歌を作ろうとしたとき、適切な言いまわしを五音、七音に整える過程で、相当厳しいことばの選択が迫られることは事実である。その切実さを青木氏は評価しているといえる。その厳しい選択に堪えるための「何を表現するかという主題意識」を、文学作品としての「ごんぎつね」に

依拠したということであろう。

むろん、このことだけで俳句創作指導の意義が語られるわけではないが、俳句創作場面が、ことばと格闘する場面となっていることだけは事実として認めないわけにはいかない。

三　俳句創作指導の計画

教室で学習指導として俳句を作らせる場合、私は次のような視点からそのあり方を考えていく必要があるのではないかと思っている。すなわち、

A　作らせるタイミングをどうするか。

B　どのような作らせ方を用いるか。

C　作らせたものをどうするか。

といった点である。

作らせるタイミングは、年間の計画をどう立てるかという問題であり、帯単元のように継続的に作らせるか、俳句の鑑賞指導にあわせて作らせるか、取り立てて作らせるか、といったことである。いちばん簡単なのは、つまり子どもたちにいちばん違和感がないのは、俳句の鑑賞指導のあとで、自分たちも作ってみようというものであろう。鑑賞の仕方は一応理解して、どんな俳句がいいものかというイメージがあるし、季語や切れ字といった知識も備わっているから、「自分たちでも作ってみよう」ということが言いやすい。また、わずか十七音であるから、「作ってみようか」という思いに向かいやすい。

ただし、鑑賞の学習場面で、俳句は古臭いとか、わけがわからないといった印象をもたせたとしたら、逆効果になることは明らかである。鑑賞時点で、俳句はおもしろいと思わせなければ、創作の意欲にはつながらない。

そういう意味では、古文を解釈するように、語句の意味、季語などの知識、作者の説明などを中心にした授業ではもの足りないことは明らかである。授業でいろいろな解釈が出て、それを戦わせることがおもしろいというような授業が望まれる。

ついでにいえば、詩でも似たようなところがあるが、一つの解釈に向かう必要がないのに一つの解釈に統一しようとすることで、教師にも子どもにも無理が生じているように思えてならない。多様な解釈を突き合わせることの楽しさが現出されれば、俳句の楽しさも、ことばを吟味する力も、ことばで考える訓練も保障される、つまり国語科の目標は成立するように思われる。さらにいえば、違う考えをもつ他者に自分の考えをきちんと伝えようというコミュニケーションの体験場面にもなりうるのである。

小学校・中学校であれば、日常的に作らせることも可能である。その場合、「俳句ノート」のようなものを持たせておくのがよい。生活ノートのようなものの延長に位置づけ、日記指導の感覚で作る場を構成する。むろん、ただ作らせているだけでは当然作らなくなるから、ある種の「点検」や紹介は必要である。

教室への掲示や学級だよりへの掲載、授業やホームルームでの紹介など、また、ノートへの指導言・評価言の記入など、それらのきめ細やかさが成否を決するであろう。そういう意味での、俳句作りの環境整備が必要になるということである。

一つの単元として俳句作りに取り組ませるというのは、教科書的にはオーソドックスな方法である。その場合、「作り方」をどう提示できるか、表現過程としての「取材、主題、構想、叙述、推敲」さらに「評価」までをどのように展開するか、また、どの過程に重点をおくかといった判断が迫られることになる。

また、俳句の創作を通してどういう力を身につけさせようとするのかの吟味も必要である。漫然と作らせると、「作ったことがある」にとどまる可能性もある。

四 俳句創作の方法

1―俳句作りの手順

俳句をどのような方法で作らせるかという点に関しては、先述の青木幹勇氏の実践がある。実践としてはおもしろいものであるし、句も一定のレベルには達していると思われるが、方法としてどの学齢の子どもにもできるというものではないかもしれない。「ごんぎつね」以外でどの程度可能かということもある。

坪内稔典氏は、『坪内稔典の俳句の授業』（黎明書房　一九九九）で、実際の授業場面として子どもたちに次のように語りかけている。

紫陽花よ今日目玉焼き食べて来た

これ、どうですか、目玉焼きはうまかったでしょうか。はい、山田さん。

「うまかったです。」

どうして?

「紫陽花みたいな大きなきれいな目玉焼きだったから。」

そうですね。〈紫陽花よ〉と目玉焼きを並べると、紫陽花に影響されて、目玉焼きが紫陽花みたいに見えますね。このようにですね、二つの違う言葉を組み合わせると、二つが互いに影響し、それぞれがいつもと違って見えます。こういうのを「取り合わせの効果」といいます。取り合わせの効果は、二つの言葉、二つの情景を組み合わせたとき、出てきます。

では、わたしたちも二つの情景を組み合わせて、さっそく俳句を作りましょうか。


(一九〜二〇ページ)


坪内氏はこの後、「窓の露」という季語を含むことばを用いて取り合わせの句を作らせている。さらに子どもの作った「窓の露きらりと光る水の玉」という句などを取り上げ、「〈窓の露〉とその後を違う情景にしてくださいよ。」と、同じ情景ではだめだと指導している。

同様の提言は、俳句甲子園の生みの親であり、子どもの俳句作りに熱心に取り組んでいる夏井いつき氏もなされている(『俳句の授業ができる本　創作指導ハンドブック』三省堂　二〇一一)。夏井氏の場合は、「一物仕立て」が難しいという前提のもとに、「五音の季語+季語とは関係のない十二音」を取り合わせるという説明をし、十二音を「俳句の種」と呼んでいる。日常のなにげないことば、感じのいい言いまわしを「俳句の種」とし、季語を取り合わせようとするものである。初歩的には、例えば「春の雲」「夏の雲」「秋の雲」「冬の雲」のいずれか、いちばん気持ちに沿うものを取り合わせてみる、といった方法が用いられている。

取り合わせの方法は、とりあえず俳句とは何かを理解し、俳句らしいものを作るという入り口としては、非常にわかりやすく、入りやすいものである。むろん、取り合わせもどんどん進化していく。

2 「感動」という切り口の問題

表現の学習、特に韻文の創作というと、「感動したことを」ということが前提となり、そのことがすなわち主題であるかのような指導がなされることがある。しかし「感動したことを俳句にしよう」といわれると、実は子どもたちは戸惑うのではないか。

坪内稔典氏は「何かの感動を五七五音の短い言葉で表現することはとてもむつかしい」としたうえで、

実は、俳句は、まず感動があって、その感動を表現するという表現形式ではない、とぼくは思います。おおまかな言い方ですが、表現には二つのかたちがあります。

①感動を表現する。

②表現して感動を探す。

この二つです。（前掲書　五一ページ）

と述べ、近代の中心になったのは①であり、感動の十分な表現が短い俳句ではできず、だから俳句は未開の世の詩歌だといわれる、と続けている。

例えば、「俳句甲子園（全国高等学校俳句選手権大会）」で近年最優秀となった句には、次のようなものがある。

宛先はゐのころぐさが知つてをる　本多秀光
山頂に流星触れたのだろうか　清家由香里
それぞれに花火を待つてゐる呼吸　村越　敦
琉球を抱きしめにゆく夏休み　中川優香
カルデラに湖残されし晩夏かな　青木　智

これらの句をみたとき、はたして日常的な「感動」がまずあって、そのうえでできた句だと言いきれるだろうか。確かに花火を見たり、沖縄旅行に行ったりという類似体験はあるかもしれない。しかしその「感動」が直接これらの句になったわけではないだろう。「花火を待ってゐる」状態を「呼吸」で象徴させてはじめて良句として成立したのである。花火を見た経験そのものとこの句の間には、明らかに距離がある。「山頂に流星触れたのだろうか」といったとき、実際に山頂に触れたかとみえるような流星を見たとはかぎらない。「宛先はゐのころぐさが知つてをる」については、どういう体験がもとになっているかも定かではないだろう。

さらにいえば、これらの句は「兼題」に基づいて作られているということがある。作者は、兼題に基づいてあらゆる記憶や知識に思いを巡らせたのであって、吟行のような、その場での発見に基づいて作句したのではない。

このことを考えると、「感動を」という指示が必ずしも句を作る条件にはなっていないことがわかる。短歌や小説の作法においても、私小説のように事実・実体験からテーマを紡ぐ方法もあるが、完全にフィクションの形をとる方法もある。前者が多いのは日本的な傾向にすぎない。

このことは、夏井氏の「俳句の種」という言い方にも通じるものである。「俳句の種」は必ずしもテーマ性をもったものではない。ふっと口を衝いて出ることばであってよい。正岡子規の「毎年よ彼岸の入りに寒いのは」は、母の偶然のことばを俳句としたものだが、同じように十二音のことばを考え、それに季語を添えることで意味を変えたり深めたりする。そこには「感動から出発」などという大げさなものはないであろう。

坪内氏の指摘する「②表現して感動を探す」の世界である。

ただし、俳句作りをいわゆる「生活綴り方」の考え方にのっとって行うとすれば、おそらく「俳句を作ろうとすることによって自身の生活を見つめる」ということになるであろうから、毎日の生活の中での「気づき」のようなものを大切にすることになる。

その場合でも、「感動」ということばではなく、せいぜい「発見」が用語としては限界であろう。

五 評価としてみた「句会ライブ」

俳句を作ったとして、その俳句をどうするのか。発表させるのか、句集にまとめるのか、そもそもどう評価するのか。そういう俳句を作らせたあとに何をするのかは、意外に問題である。

そもそも「評価」とは、最終的な「できばえ」を点数化することではない。子どもたちが俳句にどのように親しんでいるか、これまでどのような俳句体験をしてきたかといったことを確かめて指導に生かす「診断的評価」、学習途中の折々に、助言をしたり、進捗状況を判断して指導方法を修正したりする「形成的評価」、学習目標の達成度を図ることが中心となる「総括的評価」が、評価場面としてあり、評価者の違いによって「自己評価」「相互評価」「教師評価」「他者評価」などがある。また、テスト法、観察法、ポートフォリオ法など、評価の方法も多彩である。本来これら全てを含んで「評価」といっている。

したがって、「作品が正しく評価できないから創作はしにくい」という物言いはまちがいである。例えば、指導の段階によって、五・七の音のリズムができている、季語が用いられている、季重なりがない、取り合わせの手法を理解している、などの評価項目を作って評価するのも、俳句の理解度という意味では可能な評価である。

先述の夏井いつき氏は、「句会ライブ」という形で創作を進めている。句会ライブの手順は、基本的におおよそ次のようである。

①取り合わせで俳句を作らせる。
②投句を回収して十句選句する（選句は、指導者がほめることができるものを選ぶ）。
③大型短冊に清書する（その間、笑える句、惜しい句などを発表）。

④選んだ十句を張り出す（約束として、作者は名のらないことを徹底）。
⑤一句ずつ読み、どの句がよいか決めさせる。
⑥全員で議論し、どの句がよいか多数決でチャンピオンを決める。
⑦十位から作者を紹介していく。

この過程で夏井氏はよいところをほめることに徹底している。これは大事なポイントであろう。これを変形させて、教師が十句選ぶのではなく、グループでみんなに紹介したい俳句を選び、グループ代表の句を戦わせるという方法も取ることができる。そうした場合、グループで句の吟味ができるというメリットもあろう。

この「句会ライブ」は、俳句を作らせるところから出発しているが、俳句を作った後どうするかという課題に積極的にこたえるものとなっている。つまり、みんなで鑑賞しながら、句作の成果が確認できる、言葉遣いのおもしろさやよさを確かめ合える、選句されること自体で評価もされる等である。こういう活動自体が「評価活動」になっているということである。作品の優劣で序列化したい向きには不満かもしれないが、そうであるならば、先述の評価項目を作って評価すればよい。それでも不満であるならば、それで子どもが喜ぶかどうか、次に作りたいと思うかどうかは別にして、四段階くらいに分類することくらいはできるであろう。

また、句会ライブでは、作品をもとにコミュニケーションが図れる、よいところを説明するのに根拠をあげるなどの説得力が求められ、説明する訓練にもなっているなど、国語科学習の一端を担う場面も現出する。

句会ライブという形は、立派に「評価場面」として機能すると同時に、俳句作りの本質である「座の文芸」というコミュニケーション性も担保していると考えられる。このあたりのことは、夏井いつき氏の『子供たちはいかにして俳句と出会ったか』（創風社出版　二〇〇〇）を参照されたい。

俳句を作って終わりというのではなく、その後どうするかというところに、国語科教育としての大きな意味を見いだすことができる。

おわりに

俳句を作らせるための土壌づくり、俳句を作らせる方法（カリキュラムへの位置づけ、作らせる方法）、作ったものの処理（評価）、そういった視点から、教室における俳句の創作のあり方を整理して考えていきたい。

11 書く意欲を引き出す指導技法
書く意欲から態度の育成へ

書く意欲を引き出す方法を考えるとき、ここでは、導入を工夫するなどの個別の方法ではなく、書く意欲を形成し、その意欲を書こうとする態度につないでいくような方法として提示してみたい。

一 目的意識・相手意識

小学校の学習をみていれば気づくことだが、少なくとも低学年の子どもたちは書くことが嫌いではない。むしろ嬉々として書いているといったほうがよいくらいである。これはさまざまな統計的な資料によっても明らかである。ところが学年が上がるにしたがって、書くことが嫌いになってくる。

書く意欲の問題を考えるとき、この点は看過できない視点になりはしないか。私自身は、書くことが嫌いになる時期的なポイントを、小学校四年と中学校二年におくことができるのではないかと考えている。

小学校低学年の子どもたちが書くことを嫌がらないのは、まず文字や文章を書くこと自体に、「伝わる喜び」や「読んでもらえる喜び」を感じているからではあるまいか。大人のように書くことができる、書くことで伝わるという素朴な、いわば「成長の自覚」のようなものがあるのである。さらに「先生が読んでくださる」という、先生とのコミュニケーションの喜びもあるであろう。だから子どもたちは一生懸命に書く。書いて先生が何か書き添えてくれれば、それもまたうれしい。

ところが、十歳あたりを境とした社会意識の発達につれて、そういった意識がしだいに弱くなる。小学校の高学年になると、低学年のように素朴に「先生に読んでもらいたい」とは思わなくなる子どもは多いにちがいない。従来どおりに、先生が読んで評価するという形をとっている以上、書きたいという気持ちが弱くなるのはしかたがないことかもしれない。

同様のことは思春期真っただ中、第二次性徴、反抗期といったキーワードで説明される中学二年あたりでもう一度繰り返される。中学二年生のクラスの子ども全員が、この自分の文章（特に生活文や感想文など、自分の考えや思いを述べた文章）をぜひ先生に読んでいただきたいと思っているなど、どんな教師も考えないだろう。もしそういう教室があれば、それはきわめてまれな幸せな生徒と教師である。もしそういうふうに感じている教師がいたら、それはきわめて優秀で幸せな教師であるか、子どもの思いを感じ取ることができない独りよがりの教師であるかのいずれかである。

書くことの学習指導ですでに言い古された感のある「目的意識」「相手意識」の問題は、ここに収斂すると思われる。

書く意欲を引き出すためには、まず、

「書くに値する内容」

が必要であることはいうまでもない。

それに加えて、

「書く目的の認識」

が必要である。書く目的がはっきりすれば、

「書く相手（対象）の意識」

が明確になり、目的意識・相手意識が明確になることによって、どう書けばよいかという技能面が浮かび上がり、自覚化される。書く力の育成の基本的な道筋である。

従来、往々にして「先生が書けと言うから書く」「何のためかはわからないが書く」「書くこと自体が練習的な学習らしい」といった意識で書いているにすぎないといった実態がなかったわけではない。それらの意識は、つまるところ「先生に見てもらう（見られる・読まれる）」というものであり、先生に見てもらいたいと思っているわけでもないのに、先生に「見られる」文章を喜んで書く気にはならないというのが人情であろう。

つまるところ、相手・目的がはっきりした「場」を形成して書かせることが必要である。そしてそのとき、読み手を教師からずらすような場の構成が求められる。

二 書き慣れること

先に、書くことが嫌いになるポイントとして中学二年をあげた。その理由は前述のとおりであるが、もう一つ、中学二年くらいになると、現実にはあまり書かせてもらっていないという実態はないか。

私自身の現場実践（高校二年）に、「新聞記事になったできごとの背景にある物語を書く」「その記事についての意見を書く」「友達の意見についての批評を書く」「友達の批評を読んでの感想を書く」など、一連の「書く活動」を連続させたものがある（拙著『高等学校国語科学習指導研究―小説教材の取り扱いを中心に―』所収「小説教材を導入に生かした学習指導」参照　溪水社　一九九二）。その学習の最後で、ある生徒は次のように記した。

「短期間にたくさん書いたので、最初は多少苦しかったが、この学習が終わってからも、何か書きたいと思うようになった。だんだん書くことが苦しくなくなってきたのでよかった」。

一般に「生徒が嫌がるから書かせにくい」という意識は強く、そのことが書かせることをためらわせている側面がないとはいえない。しかし、書き慣れさせることが書く意欲を生み出すという側面を、もう少し信じてもよいように思われる。

同様に、経験的に言えば、嫌がるだろうなと思って書かせることへのためらいを教室でみせたら、まず子どもは書かない。「書くことが学習なんだ」と強い意志を見せるほうが、お互いのためである。

三　書くことの内省機能

割合として多いわけではないが、書くことが好きな生徒たちは何を楽しいと思っているのだろう。

例えば日記をつける子どもは、日記を書くことで自分の考えがはっきりしたり、気持ちが整理されたりすることを実感として感じているのではあるまいか。

書くことには「伝達機能」「記録機能」とともに「内省機能」があるが、日記をつける子どもは、書くことの内省機能を自覚し、それを書く喜びとしているからこそ書いているのである。「書きたい」という意欲を生み出すためには、小学生のように「伝わった喜び」も重要であるが、学年が進んで、特に中・高校生にもなれば、書くことによって考えが深まる、気持ちが整理されるという実感が生まれるような体験をさせたい。そういう体験の積み重ねによってこそ、書くことの意義が自覚化され、書く意欲につながるのである。

伝わった喜びを生み出す場、目的や対象が明確な場が形成しにくいとすれば、書くことによって自分の考えが深まった、思いが整理されたという自覚を形成する方法が考えられなくてはならない。それにはおそらく、そういう自覚を促すような評価（評語）の工夫が必要である。

「書くこと」をめぐって

12 記述力を高めるために

一 記述指導の二側面

記述の指導は、

①記述力を高める指導

②記述中の指導

の二つの側面から考えることができる。「記述力を高める指導」は、取材力・構想力・記述（叙述）力・推敲力という文章表現能力の中の、「記述する力」を高める指導である。「記述中の指導」は、記述前・記述中・記述後という、文章表現過程にどのような指導を行うのかというときの分類である。むろん、記述中に記述力を高める指導が行われる場合もある。

二　記述力を高める指導

1　記述力とは

記述力とは、例えば次のような力をいう。

①順序立てて書く力
②論理立てて書く力
③適切に段落をつけて書く力
④事実と意見・感想を区別して書く力
⑤適切な語句を用いて書く力
⑥効果的な表現を工夫して書く力
⑦正しい表記法に基づいて書く力　等

これらの力の集大成として、文体の確立がある。

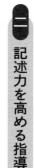

2　「読むこと」「話すこと」との関連

記述力を分節してみると、実態としては必ずしもそれらを丁寧に一つずつ指導しているわけではないことに気づく。これらの力は、「読むこと」の中で育てられている側面が強い。そういう意味では、「読むこと」の学習の中で、「何が書いてあるのか」と同時に、「どう書いてあるのか」に着目させる指導がどの程度丁寧に行われているかは、大きな問題である。書きぶりのおもしろいところ、うまいところ、的確なところ、そういった目で文章をみていくことが、自身が書くときの力になっていくことはいうまでもない。文章の構成や論理構造の分析なども、記述する力に転移するものであろう。

また、スピーチなど話すことと関連して、その原稿を書くなどの機会を捉えて指導することもできる。

3―取り立ての指導

記述力を高める指導として、例えば次のように、それぞれの力について取り立てる場合がある。

- 読点の打ち方
- 主述の対応や修飾関係
- 接続詞の用い方
- 書き出しの工夫
- 段落のつけ方
- 帰納・演繹・三段・三角ロジック等の論理
- 事実と意見の書き分け
- 適切な言葉遣い
- 比喩など、効果的な表現

これらの指導は、例えば主述の対応や接続詞の用い方など、文法の指導と併せて行うことが可能である。そういった領域間の関連指導を積極的に工夫したい。逆にいえば、他の学習の過程で文章表現の指導につながるものが具体的にあるかどうかの見きわめをしていきたい。

実際の指導にあたっては、ドリルやクイズのような方法が工夫できるであろう。

段落のつけ方や比喩などの修辞に関する指導等については、短作文による指導が効果的な場合がある。身につけさせたい技能を明確にして書かせることができるからである。

4―推敲場面での指導

推敲場面では、自身の記述の正しさや適切さが検討される。

前述のように、優れた文章を用いて書きぶりを分析したり、あるいは逆に、欠点のある文章をもとに適切な書きぶりを検討したりする学習が成立するとすれば、自身の文章を分析・検討することは、自身の書きぶりの特徴や欠点を自覚することになる。

推敲場面を、よりよい文章を作るための記述の方法の自覚の場面として、明確に位置づけることが必要であろう。

三 記述中の指導

1―記述中の助言

記述中には、何も指導しないのが最上というのは、一つの考え方である。学習者が書くことを見つけ、書きたいと一生懸命になっているときに、横から余計な口を出すべきではない。監視、巡視という意識をもった机間指導は、生徒の邪魔になるだけかもしれない。何もしないというのは、一つの大原則である。

しかし、当然のことながら、書きあぐねている学習者は存在する。少し相談したいという者もいよう。机間指導はそういった学習者への対応としては、欠くことのできないものである。そこでどのような具体的な対応をするのかは、学習者理解がどの程度できているかによる。机間指導中の助言としては、

- 書きあぐねている学習者に、書き出しあるいは続きを書き出してやる。
- 段落をつける、一文を短めにするなど、その生徒の当面の課題を示唆する。
- 書いている文章の誤りや問題点を示唆する。
- 新たな視点、材料やことばを提示する。
- よいところを指摘して、意欲を喚起する。

等が考えられる。

記述中の指導については、学習者が書きながら考えを深めていることがあることに留意したい。

2―記述中の指導の工夫

記述中に教師が何をするべきか、どんなことをしかけるべきかについて、いくつかのアイデアを示す。

(1) 書き方相談

教師に、あるいは隣の者に、いつでも相談できるような約束を作っておく。また、書き終えるまでの適当なタイミングで、一度は教師に見せに行くようなシステムもある。

(2) 相互評価

書いている途中の、適当なタイミングで、隣どうし等で読みあい、意見を求めさせる。

(3) ヒントカード

書く材料や資料などを教師が準備して、教室の後ろなどにまとめて置いておく。学習者は、書くことに行きづまったら、そのカードを見て参考にする。同様に、学習者全員の「構想メモ」や「取材カード」などを、いつでも誰でも見ることができるようにして、ヒントにさせることもできる。

(4) 用紙の工夫

原稿用紙を用いるか用いないか、用いるとすればどの程度の字数の用紙を用いるかは、意外と書き手に影響を及ぼす。書きにくい場合ほど、字数が少ないほうが楽である。字数の少ない用紙をたくさん準備して、それにそれぞれひとまとまりの内容を書かせ、あとでつないでいくという方法もある。ただしそれは、生活的な文章のほうが効果的であり、結果的に羅列型の文章になりやすい欠点はある。

四 相手意識・目的意識

効果的に表現する、あるいは適切に表現することは、相手と目的によって具体的な姿が立ち現れる。優れた文章でも、相手によって、あるいは目的によっては、効果的ではない場合はある。例えば文化祭の案内状でも、後輩に送る場合と、地域のお年寄りに送る場合は書き方が異なるであろう。記述（叙述）は常に、相手と目的がその前提として認識されていなければならないことは、徹底して意識させるべきである。

◉参考文献

- 『作文指導事典』樺島忠夫・中西一弘編（東京堂　一九八〇年）
- 『作文教育における文章化過程指導の研究』大西道雄（溪水社　二〇〇四年）
- 『朝倉国語教育講座４　書くことの教育』倉澤栄吉・野地潤家監修（朝倉書店　二〇一二年）

「書くこと」をめぐって

13 作文の処理・評価に関する工夫

一 作文の事後指導

作文を書かせたあとで何をするかについては、

①標語を書き入れ、学習者に返す。

②書かれたものの中から選んで、授業や通信で紹介する。

③推敲のうえで、学級文集や個人文集にする。

④書かれたものを材料に、新たな学習を展開する。

等が考えられる。

これらは大きく、評価活動の側面と、新たな学習活動の側面とがあり、作文の処理、活用、評価など、さまざまな呼称があるが、必ずしも明確に区別されていないところがある。

二 作文の添削

作文の添削は、清書を目的として下書きに対して行われる場合と、作文完成後の評価の一貫として書き込みの形で行われる場合がある。前者は推敲指導の一環ということができ、後者はいわゆる「赤ペン」といわれる指導である。いずれにしてもそれらは、学習者にとっては評価として機能する。

下書きに対して行う場合は、学習者の思いや意図を損なわないよう、細心の注意を払いたい。そのために、読み手としての指導者の力量と、日常的な学習者理解が必要となる。未熟であるがゆえに、小さな表現でも書き手の思いが凝縮されている場合があり、対面してやり取りしながら、本人に納得のゆく形で書き換えができることが望ましい。

完成作品に対して行う場合は、評価としての側面が強くなる。すでに完成しているという前提であるから、大幅な書き換えや書き加えはしないのが原則である。その学習者にとってとりあえず必要な技能について留意を促すような形でよい。あれもこれも欠点を全て指摘するような添削は、学習者の自信や意欲の面から好ましいものではない。

添削は、学習者が「こういうふうに書けばよかったんだ」と納得するものでありたい。そうすることで学習者は実感を伴って「記述（叙述）の方法」を学ぶことになる。その際、欠点を指摘するよりも、むしろほめることが有効であることを確認しておきたい。

三 作文の処理・活用

1 作文の処理

作文の指導は、基本的に相手意識・目的意識の成立のもとに行われる。その相手・目的によって、例えばしかるべき人に読んでもらう、新聞に投書するなどの、事後の動きが想定される。そういう活動が想定できない場合は、指導者がなんらかの形で処理することとなる。その典型が、添削ないしは赤ペンである。

2 作文の活用

書かれた作文を活用して学習を展開することは、自己評価・相互評価、記述方法の定着、身近な学習材の導入といった点で意味があると考えられる。その活用には、例えば次のような展開がある。

(1) 本人の解説

取り上げたテーマや選材の意図、書きぶりの工夫、文章にこめた願い等について、本人が解説する。文章化してもよい。本人の振り返りであるが、それをもとに学習者どうしで、その意図が伝わっているかなどの検討を行うこともできる。

(2) 鑑賞

優れた作文、特徴的な作文を取り上げて、批評・鑑賞する。批評・鑑賞の観点の指導と同時に、記述の方法、工夫を実感として捉えさせることができる。

（3）文集化

作品を集め文集とする。成果を全員で確認することができるし、他者との比較において自己評価も可能である。文集を編集すること自体も学習化できる。

（4）時間をおいて見直す

作文は基本的にはすぐに返したい。しかし一定期間おいて見直すことも、書くことについての意識を高める効果はある。

四 作文の評価

1―評価場面とその方法

評価は基本的に、診断的評価・形成的評価・総括的評価と、評価場面が分類される。作文の評価というと、いわゆる赤ペンをもってして評価と捉えがちであるが、いうまでもなく、事後にだけ評価があるわけではない。

診断的評価は、学習者の作文能力、作文経験、話題についての興味・関心などが把握される。そのことによって的確な目標設定と指導過程の構想が図られる。

形成的評価は、作文過程としての、取材・構想・記述の各過程において行われる事中評価である。事中評価は、自己評価、相互評価、教師評価、第三者評価など、多様な方法が想定される。例えば構想メモを教師が一度確認したり、記述途中で学習者どうしが読みあったりすることなどである。記述中の机間指導は、形成的評価場面であるともいえる。個別化するだけに効果も高い。また個別のつまずきを全体に返して指導することもできる。

総括的評価の中心は、いわゆる赤ペンであろうが、優れた作品を取り上げて紹介することも評価である。しかし、教師評価だけではなく、学習者どうしの相互評価や自解も含めた自己評価が行われることは、教師評価とは異なる意義が生まれる。また、インタビューや調査などに基づいて作文した場合、そのインタビューや調査の対象となった人からの評価という第三者評価も、効果が大きい。

2　目標と評価

これまでの作文評価は、作品主義の立場に立って、全体としてのできばえをみる傾向が強かった。結果として、

- 学んだことが正当に評価されない。（学習者）
- 全体に赤ペンを入れようとして手間がかかる。（指導者）

等の問題が生じた。

これは、作文を書く場合の技能目標があいまいなまま、とにかく書かせるという学習指導の実態によるところが大きい。この作文で何を教えるのか、この作文によって何ができるようになることが期待されるのか、その点をはっきりさせてあれば、評価は当然、そこで取り上げられた技能が中心になるはずである。極端にいえば、「序論・本論・結論の構成に気をつけて書こう」といったのであれば、その三段の構成に実質的になっているかどうかだけをみてもよいくらいである。

学ぶべき技能を明確にして、その技能の修得について具体的に焦点化して評価することが求められる。

総括的評価として点数化する場合も、評価の視点を明確にすると同時に、学んだ技能についてのポイントを高くするような配慮が必要であろう。

3　評価の方法としての添削・標語

添削については、二項ですでに述べた。

評価は、基本的にはその学習者の次の学びが示唆されるものであるべきである。したがって、「もう二度と書きたくない」と思わせるような評価が最悪の評価である。「そうか、また書きたい」と、書くことの関心・意欲が喚起されるようなものでありたい。

その意味では、「標語」は重要である。学習者の意図や思いを汲んだ、共感的なものでありたい。欠点をあげつらうよりは、むしろよいところを指摘する方向で書き込みたい。指示的な書き込みにしても、例えば「もっと詳しく書きなさい」と書きたいところを、「おもしろい。もっと詳しく知りたいです」と書くような姿勢、工夫が求められる。

◉参考文献

- 『作文指導事典』樺島忠夫・中西一弘編（東京堂　一九八〇年）
- 『朝倉国語教育講座4　書くことの教育』倉澤栄吉・野地潤家監修（朝倉書店　二〇一二年）

14 読書感想文を書く

以下は、地域のフリーペーパーの求めに応じて一般向けに記したものに加筆したものである。

感想文などを書かせるから、読書が嫌いになるのだという人がいます。一面、もっともなところがあります。しかし、「書く」ということは、単に記録することではなく、書きながら考えるという側面をもっています。感想を書くこと（書こうとすること）によって、漠然と感じていたことがはっきりしたり、さらに深く考えることができたりするのです。

読書が本当に大切なものであるならば、そこで深く考え、それを記録することに意味がないとはいえません。読書感想文は、読書を自分の心の栄養にする方法なのです。

感想文の書き方を考える前に、どのような感想文が「よい感想文」なのかを考えてみましょう。

①その本の内容がきちんと読めている。

②自分の中での新しい発見や考えの深まりが捉えられている。
③書き方が工夫され、文章がきちんとしている。

こういった条件を満たすものが、「よい感想文」です。

①は、その本の中の大切な事が捉えられているかどうかということです。本の中にあることでも、その本で伝えたい大切なことを無視したのでは、台なしになりますね。

②は、本を読んだことが、自分にとってどういう意味があったのか、自分は何を考えさせられたのかが記されているということです。本を読んでも、自分の中で何も変わらないのだったら、読む意味もないし、感想を書く必要もないということですね。

③は、人に読ませる文章である以上、必要な条件です。たくさん本を読んでいる人は、自然に文章がしっかりしてきます。

どのように書くかについて、次のようなことを考えていくと、書きたいことがはっきりしてくるかもしれません。

- いちばん気に入ったところとその理由。
- いちばんおもしろかったところとその理由。
- いちばん気になったところとその理由。
- 疑問に思ったところはどこか。
- いちばん好き（嫌い）な人物とその理由。
- 自分にも似たようなことがある。
- 人物の行動やことばで、そのとおりだと納得したところはどこか。
- 主人公はこうした（こうだった）けれど、自分だったら……。

できれば、自分の考えや、身のまわりのできごととつないでいくと、書くことが広がりますし、読書があなたの考えや生活と結びついて、あなたの考えが深まったことがわかります。

感想文の書き出しは、
●作品の全体の印象　●自分の考えや生活
●特に取り上げたい作品の場面の紹介（まとめて示すか、作品の内容をそのまま短く写す）
●自分がいちばん言いたいこと（最後にもう一度まとめ直す）
など、いろいろ工夫できるところです。例えば、

「このお話は、○○と□□の冒険物語です。」

「私はこの物語を読んで、本当に今までの悩みがウソのように消えていくのがわかりました。」

「主人公の○○は普通の小学生です。でもひとつだけ……」

「私がいちばん気になった主人公の行動は……」

「○○が□□した時、私はなぜそんなことをするのか、全くわかりませんでした。」

「私はこの物語を読んで、今年の春お母さんと○○したことを思い出しました。」

「『お父さんも若いころそうだったから。』『でも私は違う。』昨夜の父との言い合いです。」

「私はこの本を読んで、改めて○○といったことについて考えさせられました。」

最後にもう一度読み直して、まちがっているところや書き足りないところを直すことも大切ですね。

読む人が「ああ、この人はこの作品からこんなことを読み取って、考えを深めたのだな」と感じ取れるようなものが、優れた読書感想文です。

付

「ことばは心のかたち」講演記録

以下は愛媛県青少年赤十字指導者協議会・日本赤十字社愛媛県支部の研究大会（二〇一三年十月）における講演記録である。

一　はじめに

みなさん、こんにちは。

こんな立派な会にお呼びいただいたことを、心より感謝申しあげます。

台風が来ているのに、朝から、充実した研修をされているのだろうと思います。流れに沿って、いいお話ができる自信はないのですが、私なりにお話をさせていただきたいと思います。

赤十字の方からご依頼があり、ちょっと楽しみにしてきましたら、まあ、こんなにバスケットコートがフルに二面もとれる体育館とか、今頃の小学校には、あまりないのではと思われるすばらしい設備に驚いております。

今、ちょっと本当に短時間で、「しまった。もっと早く見ればよかった。」と思っているのが、この体育館にはってある「きずな詩」です。

二　「きずな詩」から学ぶこと

子どもの自分の顔の絵と「きずな詩」とが並んでそちらに貼ってあります。すばらしいものです。私はそちらから読んだのですが、五年生ぐらいで足が止まって「じーん」としてしまいました。

このきずな詩、五・七・五を子どもに作らせて、あとの七・七は、必ずしも七・七にならなくていいのだろうと思いますが、それをご家族のおばあちゃんだったり、お兄ちゃんだったりというのもありました。これは、すばらしいことだと思います。私はこういう学校の実践を見たのは初めてなのです。先ほど、席に座って見せていただいて、本当にすばらしいと思いました。

今日、私「ことばは心のかたち」という題でお話をするのですが、「結局、子どもが言っていること、それに対して、お父さんだったり、お母さんだったり、おじいちゃんだったり、おばあちゃんだったりと、そういう家族がこたえる。」。その心をことばにしてもらっているわけです。つまりことばが、心の形となって表れています。

だけどその心は黙っていてはわからないわけです。日常的に、「お母さん　お弁当毎日作ってくれて　ありがとう」、「いやああなたが喜んでくれたら　あなたの笑顔が作る」、そんなものもありましたが、そんなこと、なかなか面と向かって言えるものではありません。

子どもは、五・七・五を二時間も三時間もかけて作るのではないだろうと思います。道徳の時間、学活の時間、国語の時間か、総合的な学習の時間を活用されておられるのか、それは別にどれであってもかまわない話ですが、国語としてみても、五・七・五という形、それに七・七とつけるというのは、俳句であり、短歌であり、そしてもっといえば連句、連歌という形式になるわけです。日本の伝統的な言語文化に親しませるという意味でも意義あることです。しかも、そこにこういう形で季語とは関係なく、もう家族の心がことばになって表れるというのはすばらしいと思いました。

あの掲示してあるものを数枚、ここで、「こういうのがすばらしいですね。」というお話をしたら、今日、私のお話の趣旨は全部それで終わるのではないかと思ったくらいです。何しろ五分前ぐらいに着いたもので、それがかなわないのが残念です。「きずな詩」の冊子、「校長先生、私にもくださ い。お願いします。ぜひ持って帰って、学生に紹介していきたいと思います。」今日の私のお話の趣旨はもうほぼ、これで尽きたようですが、それなりに準備してきた話をさせていただきたいと思います。

三 私のプロフィール

先ほど大まかなご紹介はいただきましたが、私は大学を卒業して、中・高一貫校に九年と八年、トータルして十七年勤めました。中学一年から高校三年まで全部の学年の担任をして、高校三年生を三回卒業させました。そういう経歴で愛媛大学に来ました。

大学に私は来たくはなかったのです。私の恩師に、愛媛大学が人を募集しているから応募してみないかと言われまして……。大学の人事というのは、公に募集するというのがありまして、「こういう研究をしている人が欲しい」と募集します。それに、自由にエントリーするわけです。その中から大学がこの人がいちばんいいといって選ぶというシステムなのです。

当時、私は、なにしろ中学生、高校生を相手にしていたものですから、あの中学校一年生のかわいらしさ、それから高校生、いろんな高校生がおりますが、それにしてもやっぱり青春真っ盛りの子どもたちを相手に、毎日サッカーに明け暮れていた私としては、この生活を捨てて、なぜ、一人で研究室にじっと座って、本のほこりにまみれて生きていかなくてはいけないんだと本気で思い、いったんはお断りしたのです。その後「受かるかどうかはわからないんだから」とも言われ、いろいろなやりとりがあって応募したところ、当たってしまって、きっと抽選だったにちがいないと私は思っております。

四　愛媛大学教育学部での私

大学に来まして、大学の附属幼稚園の園長を四年間兼務し、それから附属小学校の校長も四年間兼務いたしました。兼務といっても正規な勤めで、職員会議にも出ますし、幼稚園の時には子どもと一緒に遊ぶし、当然、小学校であれば、朝礼のあいさつもするという生活です。小学校のときには、ちょっと何回かはクラスに行って授業も、出張した教員の代わりに、「よし、今日は一年花組の三時間めはおれがめんどうをみよう。」と言って行ったクラスがぐちゃぐちゃになって、「わぁー」と言って帰ったこともありました。小学校の一年生、二年生を四十五分ちゃんと座らせて何かするというのは、あれは、素人からいえば神業であります。

中学校、高校十七年やっていても小学校一年生、二年生はそんな手に負えるものではありません。私、学級が崩壊していくというのは、こういう状態になっていくのだというのを、まのあたりにいたしました。だけどもそういうことも経験として、幼稚園でも、子どもと一緒に、幼稚園では当時男性職員がほとんどいないものですから、貴重な大人の男として、相撲をとったりサッカーをしたり、赤とんぼ捕りに行ったりもしました。

ですから、私が唯一、他の人にないものが自分にあるとすれば、幼稚園、小学校、中学校、高校、大学、ついでにいえば大学院まで全てに直接関わって、つまり正規の勤務をして、子どもの様子をその年なりにみてくることができていると思っていることです。これは日本全国探しても、そんなにいないと思っています。

その中で私は本当にいい勉強をさせてもらいました。それは、幼稚園以後の子どもが小学生になり、中学生になり、高校生になり、大学生になり、おおよそどんな感じで育っていくのかというのを、目の前の実感として捉えることができたことです。

附属幼稚園のあと二年間をあけて附属小学校で校長になっていってみると、幼稚園でみた初めの子が六年生になっていて最後の子が一年生なのです。だから大体、小学校に行ったときに子どもの半分ぐらいは顔見知りで、名前も相当覚えていて、小学校で歩いていて、「園長先生。」と呼ばれたので、「あー。」と言うと、「あー園長先生じゃなかった、校長先生だった。」とか言っていました。三歳の時に親から離れられなかった子が、六年生になったら立派に応援団の団長をやって、朝礼台で、こうやって私の目の前で「宣誓」をやっているのを見ると私は、もう吹き出しそうになりました。それから幼稚園のときに、ちょっとこの子は心配だなあと思っていた子が、小学校に上がってみると、四年生くらいから不登校だったりとか。そういう流れで小学校でみていた子が、この子は中学二年ぐらいで難しいぞと思っていましたが、その後、やっぱり中学二年生ぐらいで、ということもありました。

経験をもとに、幼稚園、小学校、中学校、と子どもは「どのように育っていくのか、その育ちを、どのようにみるのか」、端的に私の考えを述べてみます。

五 子どもの育ち（発達）の見方

○幼稚園・小学校・中学校時代の育ち（発達）の見方

・幼稚園（幼児期）は人間としての基盤を育成するところ

幼稚園は乳幼児期で人間としての基盤を育成するところだろうと思います。例えば親子の関係や愛情面で、「自分は、大人に守られているんだ。」とか、「自分が困ったときには誰かがなんとかしてくれるんだ。」、「自分は親に愛されているんだ。」、そういう感覚を育てる時期だろうと思っております。

そういうものが幼児期に薄いと、中学生ぐらいになって、いくら「私はあなたを愛してるんだ。」といってもどうにもなるものではありません。それから「人間として愛されているんだ。」とか、あるいは、「世界は自分を必要としているんだ。」とか。もちろん三歳の子が世界は私を必要としているなんて言うわけはありませんが、無意識のうちに、「自分は存在していていいんだ。」という感覚を育てる。それはもう抱きしめて愛してやるということしかないと思います。

私は幸いなことに娘に孫ができて、隣に住んでくれて、いつでもばあちゃんが使えるとか、じいちゃんもついでに使えるという状態です。「今日はパパが残業で遅いから、じいちゃん、早く帰れんか。」とか、「お風呂に入れてくれ。」とか。楽しく過ごさせていただいております。じいちゃんとしてはもう何もすることはないので、ただ一緒に遊んでやって抱いてやって、「高い高い」をしてやれば私の役目は全てすむのです。そういう役割が絶対に幼稚園の時代には必要なのだと思います。

テレビなどで、二歳の子どもを殴り殺した親とか、車の中に真夏に閉じ込めて死なせてしまったとか、もっとひどいのもありました。私、ああいう話を聞くと涙が出そうになるのです。愛され過ぎて精神に異常を来すということはないそうです。愛され過ぎてただの甘えん坊になるということはあるのかもしれません。だけど、愛され過ぎて情緒的な障害を起こすということは精神医学的には、まずないそうです。だから「まあいいや。」と、私はもうひたすらじいちゃんを満喫しているわけです。それが、幼児期の人間としての基盤を形成することだと思っております。「じいちゃんは僕がいるということを喜んでいてくれているんだ。」と無意識の形でも確信できている。大事なことだと思います。その逆は大変です。「パパもママも僕なんかいなくてもいい。」と思っているという感覚での二歳、三歳だったら大変だと思いませんか。そういうのが幼児期だろうと思います。

●小学校は社会生活の基盤を育てる

小学校のときというのは、社会生活の基盤を育てる時期だろうと思います。社会生活の基盤。つまり、人とちょっと何か話ができるとか、読んだり書いたりできるとか、ちょっとした算数ができるとか、いわゆる昔流にいえば「読み書きそろばん」です。とりあえず、そういうものができるということが、小学校では必要な時期なのではないかと思います。

私は三人子どもを育てました。三人めの子どもが二十七だったか二十八だったか、三人ともいわゆる親の手を離れています。娘は孫連れて隣に、まあ親の手は離れてます。いちばん下の子が小学校を卒業したときに、勉強はある程度一応ついていけるぐらいで卒業したと私は思っているので、もうこれで親のやるべきことは、ほぼすんだかなと思いました。あとはもう中学、高校でぐれようが何をしようが、小学校ぐらいの勉強がちゃんとできていたら、あとは自分が勉強する気になればできるんです。小学校ぐらいの勉強がある程度身についていたら、もうこれでいいかなと思って、とっても気が楽になりました。

社会生活の基盤の育成というと、それは身近な人とのコミュニケーションをとるということも含めて、いわゆるかけ算の九九ができる、あるいは、漢字が書けるというレベルだけではなく、学校の授業で教わるということ、授業時間に国語だの算数だのという教科で身につけるべき知識とは別の、小学校のクラスで、子どもどうしがけんかをしたりというようなことも、それは社会生活の基盤をつくるうえでの意味あることなので、けんかをするということ自体、そのけんかをどう収めるかということも一緒に勉強をしていますが、それも社会生活の基盤だと思っています。

●中学校の頃は、自己の基盤を形成する時期、高校生の頃は社会で生きる自分を認識する時代

それから中学校というのは、今度は、自分という、自己の基盤を育てるところだろうと思います。中学校の一年生、二年生くらいからいわゆる自我の形成というのが明確になってきます。だからそこに、どう深くコミットできるのかという、中学校というのはそういう時期なので、だから中学生がいちばんしんどい時期であります。「自分というのは、いったいなんなのか。」というのがわからなくなるということです。それはみなさんも、経験がおありかと思いますが、私なんかもう五十年も前、半世紀も前ですから、中学生といったらもうほとんど覚えておりません。

けれども、記憶をたどれば、「自分はいったいなんだろう。」とか、「自分はこの社会で生きてい

くに値する人間なんだろうか。」みたいなことについての猛烈な不安を抱いた時期というのはありました。そんなときに、こともあろうに、私の姉は、太宰治の「人間失格」を与えて、「あなたはきっとこれをおもしろいと思うだろうから読んでごらん。」と言ったのです。考えようによってはとんでもない姉だと思います。でも、結果的にあれで私は今があるのです。そんなにたくさん本を読む子ではなかったのですが、そのときに太宰治の「人間失格」を与えられて、おれと同じ人間がいると思ったりして、「でも太宰は三十九歳で死んでいる。私はどうなるんだろう。」と思いながら、気分的には暗い高校時代を過ごしました。

でも、別に引きこもったわけでも部活も何にもやらずに生きていた子でもないのです。はた目には普通に生きていたのです。けれど、それを救ってくれたのは、大学の時に読んだ野坂昭如の「火垂るの墓」です。

アニメーションにもなっています。「清太」という十五歳の少年が、空襲で焼け出されて、二歳の妹を抱えて神戸の焼野原で生き延びようとするのですが、死んでしまう話なのです。あれは野坂昭如の実体験の話で、妹が死んだのは事実だけども自分はかろうじて生き延びたと。物語ではあの主人公の男の子も死んでいますが。これが、野坂昭如の実体験だということを読んだときに、その当時の野坂昭如というのはもう、時代の寵児みたいにコマーシャルにも出て、「みんな悩んで大きくなった」とかで、やっていた人ですから、「そうか、こういう体験をした人でも、こういうふうに生きていけるんだ。」と思って。「だったらおれだって生きていけるかもしれない。」と思った。それが中学校からスタートした自分自身の自覚の姿で、その基盤を形成するのが中学校の頃だと思います。

高等学校になると、今度は社会で生きる自分というのを認識する時代だろうと思うのです。それは典型的には、例えば大学のどんな学部に入ろうかとか、あるいはどんな専門学校に行こうとか、どんな仕事に就こうとか、そういうところの手前になるわけです。社会で生きる自分というのを見つける時期が高校時代なのかなと、発達をそのように思っています。

○もう一つの発達の見分け方（時代、時代にある育ち）

もう一方、浜田寿美男という心理学の先生が、「子どもの時代は大人への準備の時代ではない。」という言い方をされています。これには私は深く感銘を受けました。私たちは子どもを育てるときに、「這えば立て、立てば歩めの親心」という大人の基準があって、「あー何かしゃべるようになった。」、「あーボールが投げられるようになった」、「友達と仲よく遊べるようになった。」とか、「あっ字が書けるようになった。」、「歌が歌えるようになった。」みたいに「何々をすることができるようになった。」、それが喜びです。お子さんを育てられたかたは、もうわかると思いますが。つかまり立ちで、あの立った時の親の感激というか、それはもう育ててみればわかります。

初めに「まんま」とか何か一言言ったときに、「うわー、しゃべった。」とか。私はあれを「じいちゃん」と言わせてみたいと思って、一生懸命「じいちゃん。じいちゃん」と言ってはみたのですが、だめでした。「まんま」でした。その次が「ママ」で、そのあとが「パパ」で、次に「じいちゃん」、くるかと思っていたら、「ばあちゃん」でした。残念でした。大体一千回機会を与えると一言しゃべるのです。だから、「まんま、食べる。」、「まんま、あげようか。」、「まんま、おいしいでしょう。」と言って、一千回その場面を作ったら、「まんま」としゃべるらしいのです。「じいちゃん」となんとかしゃべらせようと思ったのですが、なかなか「じいちゃん」は遅れました。「じいちゃん」というのはいけません。発音が難しい。やっぱり、「まんま」のほうが発音が簡単です。ちょっと考えればよかったのですけど。

そういうふうに、子どもが育っていくというのは、大人ができるようなことが少しずつできるようになることだと思っています。それを発達としてみています。しかし、それはそれで一つの見方としてはいいわけです。母子手帳にも、何か、一歳でことばをしゃべったとか、身長はいくらとかあるようですが、色々そういうことができるようになるということが、その子が健全に育っているという、その物差しになるわけですから、それはそれでいいのです。

だけど、それを裏返して考えますと、じゃあ、私は、まだ成長しているのか、あるいは、三十代のときの私と、六十代の今の私は、成長した形なのかといわれると、もう人の名前は思い出せないし、少し走ったらもう「ハアハアゼイゼイ」、大学の四階の研究室まで歩くのがつらいから、六十歳以上はエレベーターと自分で言って、歩くのがもうつらいんです。学生なんか、「ヘラヘラヘラヘラ」笑って歩いてます。あれが、発達したら「ハアハアゼイゼイ」いう私になるのか、という話です。それじゃあ人間としての完成形ってどこなのだと考えたら、「どこなんだろう」と思います。

私は今、えらそうに言うわけじゃないのですが、学部長という職を得ているわけで、それじゃあ、うちの若い元気盛んな職場の三十半ばの人たちに、お前元気がいちばんいいから学部長をやれと言ってできるのかと言われたら、やっぱりここまでの私のある種の経験の蓄積が、今のこの肩書を維持してるということはあるわけです。けれど、じゃあ私のほうは完成形でどうなのかといったら、明らかに走ったら息がきれるわけです。いろいろ何ができなくなったということを言っていたら、だんだん暗くなりますから、もうやめておきますが、そう考えたら、子どもは、大人への準備の時代ではないという考え方はできて、それは逆にいうと、そのときそのときに、一つの存在として完成された形なのだとみてやるという見方ができると思うのです。三歳の子どもは、三歳という存在としての完成形。完成形ということばが悪ければ、三歳という時代にすべき充実した毎日を送るということが大事なのだということです。

その次の世代のために、何かをしようと考えるのではないと思います。つまり、先取りして、六歳、七歳にほっといても発達するようなことを、わざわざ三歳でやることはないのです。三歳だからこそ育つものがあるのではと考えたいのです。例えば、砂場でどろんこになることを中学一年生にさせてもたいして得るものはありません。だけど三歳だからこそ、砂場でどろんこになることによって得るものがあるわけです。それは、三歳なら三歳、十歳なら十歳、それぞれ、そのときそのときの完成形としての姿があって、そこで充実すべき何かがあるのだろうと思うのです。私は、今、子どもの発達というのをそのようにみたいと思っています。

うちの娘が、高等学校に入ったときに、振り返ってみればよかったなあと思っているのですが、私立の特進クラスというのに入ったのです。まあ特進クラスですから、勉強しろというのが先に立つのでしょう。入学したとたんに担任の先生が、みんなは勉強部だから、いわゆる部活動には入らないようにと言われたのだそうです。帰って娘が口をとんがらせて、「こんなに言われた。お父さん、部活をしたらいかんの。」と言うので、「すりゃええじゃん」と言いました。

私は中学、高校時代に部活をやらないほうが健全だなんて、ここから先も思っていません。いや、別に部活をやらないといけないとも思っていません。やらないほうが健全だなんて、全く思っていないので、「やればええじゃん。」と言ったのです。翌日、娘は担任の先生に、「お父さんがやってもいいと言いましたからブラスバンド部に入ります。」と言って帰ったらしいのです。なかなかたいした娘であります。

繰り返しますが、その時代その時代が、未熟なのだとみるのではなくて、この時代の育ちがあって、この時代にすべきことがあるのだとみてやる見方というのは、私は必要だと思います。

気持ちとしては、先ほどもいいましたように、「這えば立て、立てば歩め」はあたりまえだし、そうならないと困るわけです。困るといったら障害を持ったかたには、いけないことかもしれません。申し訳ありません。けれども、いずれは立ってほしいし、走ってほしいし、しゃべってほしいわけです。それはもちろんそうですが、子どもたちを、その時代、時代の発達、育ちとしてみてもらいたいのです。

そのことと、私の今日のテーマである「ことばは心のかたち」という心の育ちと、ことばの育ちというのは、一体化したものとして考えるべきなのではないかというところが、私の今日の話のもう一つつの筋であります。

六 ことばのはたらき

○ことばのはたらき「伝達・認識・思考・創造」

「ことばのはたらきとはどういうはたらきですか。」と聞いたときに、まず、普通には、読んだり、書いたり、見たり、聞いたり、話したりと、それができないと世の中ではいろいろ困ることがある。テレビもニュースなんかも、聞いて理解したいわけです。新聞も読みたいわけで、回覧板が来たら読めないといけないわけだし。何かを伝えたいときには話さないといけない。そういうものがことばだと、まず考えておられるようです。それはそれで正しいと思います。

いうまでもなく、私、こうやって「べらべら、べらべら」しゃべっていますが、これが私の商売なので、これが苦手だということになると、もう上がったりになるのです。しかし私はなんにも考えないでしゃべっているのではないのです。ときどき、家内が「今日は忘れ物ない?」、「ハンカチ持った?」とか、「免許証、持った?」、「ベルトはした?」とか言うときがあります。

そんなときに私は、「口さえあれば生きていける。」と言って出るんですが、本当に口だけで行ったのでは話にならないわけで、こうやって、しゃべろうと思えば、それなりにどんな話をどんなふうに組み立ててしゃべろうかと考えたうえで、しゃべっているわけです。考えてなかったらしゃべれません。私が、今からどなたかにあてて、「すぐここに出て、一分しゃべってください。」と言ったら、ちょっと困るでしょう。いや、それがぱっとできる人もいると思います。だけど、普通の人は、何をしゃべったらいいか困ると思います。

それから、子どもに作文を書かせて、いちばん困るのは「書くことがない」ということです。何か考えていることがあったら、人間はことばで考えるのですから、それを文字にすれば作文になるし、音声にすればお話になるわけです。だから本当は、考える、つまり思考ということが、まず第一のことばのはたらきなのです。

ことばのはたらきというのは、どういうものかということを説明しようと思ったら、言語学者の十人が十通りの説明の仕方をしますが、私が国語教育の立場からいちばん説明のしやすい説明の仕方で、「伝達」、「認識」、「思考」、「創造」というはたらきを提示いたします。

「創造」というのは、つくるわけですから、例えば小学校なんかの一年生あたりで「かっぱかっぱらった、らっぱかっぱらった、とってちってた」という谷川俊太郎さんのことば遊び歌というのがありますが、これは、かっぱがらっぱをかっぱらおうが、何をしようがたいして意味はないのです。かっぱはなぜらっぱをかっぱらったのでしょうというような発問は成立しないんです。だけどまあ「かっぱらっぱかっぱらった、とってちってた」というのが楽しいというのは、「創造」というのは例えばそのようなものです。

○ことばを「心の形」として認識

「認識」というのは、あるものがそこに存在するという、それをことば化しないとなかなか捉えられないという話です。だから商品などで新しいものができたら、それにわかりやすい名前とか、魅力的な名前をつけて、「タンスにゴン」とか「ムシューダ」とか、わかりやすいですね。それで、その存在を理解するわけです。新しいものができてそれが生活に必要であれば必ずそれに名前をつける。名前をつけることによって、「認識」できるわけです。

抽象的なものの、ことば化でもそうです。明治期になって、外国の書き物を日本語に直そうとしたとき、例えば「自由」とか「経済」ということばは当時の日本語にはなかった。だから、しかたなしに漢語を探してあてはめたり、漢字を組み合わせて、「自由」とか「経済」とことばをあてはめて作ったわけです。そこで「自由」ということばができたことによって、日本人はそこで「自由」という概念、自由というのはどういう状態のことなんだということを獲得したのです。多分、源氏物語の時代には、女性の自由などという認識はなかったと思います。きっと。「認識」というのはまず、そういうことなのです。

「ことばは心のかたち」というのは、まず第一には、その認識の問題です。例えば、最近もう、あまり子どもも使わなくなりましたが、「むかつく」ということばです。なんでもかんでも「むかつく」と言ってすませる。「むかつく」ですませるのは非常に簡単ですが、いろいろな感情や微妙なあやを全部合わせて「むかつく」でしか説明できないわけです。

例えば私などは、その辺に木がいっぱい生えていますが、「木」とか「草」とかいう言い方でしか説明できない。それは、そのことについて詳しくないからです。それがうんと細かに「これは杉だ、これは桧だ。」「これは赤松でこれは黒松で。」と全部言える人は、それはその木に詳しい人です。お百姓さんや農業に関わっておられるかたなどは、畑にいる虫の名前なども、都会に生きている人に比べてはるかに知っておられると思います。生活に関わって、そういう世界を理解しているからです。

例えば、自分が不愉快だとか、腹が立つとか激怒するとか、もう怒り心頭に発するとか、怒髪天をつくとか、みたいにいろいろことばが使える人間と、「むかつく」「すげえむかつく」、むかつくか、すげえむかつくしか表現できないというのは、それは、人間の心のありように対して無理解だということで、人間の心のいろいろなありようが説明できないということです。それが、いろいろ説明できるということは、つまり人間のことについて詳しいということになるのです。人間の心の様子について詳しい人だということにもなるのです。さらに、それは人間をよりよく理解できる人だということになると思います。

それぞれの専門の人は、自分の専門のところをものすごく詳しく知っています。私など、この舞台に立った瞬間に、どっちが上手か下手かさえよくわかりません。けれども、舞台に関係しているかたは、舞台にはそれぞれ名前があって、使い方も詳しく知っています。そういうことを認識しようと思ったら、ことばを覚え、そういうものがあるということを認識し理解することです。

イギリスの以前の学習指導要領に、「教師は全てことばの教師である」という文言があるそうです。イギリスの学習指導要領はスタンダードといいます。「教師は全てことばの教師である。」、詳しくは調べていませんが、おそらく二つの意味があると思います。まず先生のことばというのが、子どもに大きく影響するということです。それは普通の家庭であったらお父さんの話を聞いてるより、先生の話を聞いてる時間のほうがはるかに長いということでもわかります。

大体小学生の時代までは、聞いてことばを覚えるものです。読んでことばを覚える割合が逆転するのが、大体十三歳だといわれています。小学校の時は、読むよりも聞くほうでことばを覚える。幼稚園を出るまでは基本的にそうです。一歳、二歳、三歳の子どもは、別に文字を読んでことばを覚えるわけではないので、文字から覚えるにしても読んでもらって耳から覚えるわけです。だから、教師のことばが子どものことばに大きく影響するので、特に小学校の先生の場合は、一時間めから五時間めまで、もしかしたら六時間めまで、そのことばの量はすごいものです。それでことばを覚えていくわけです。

○ことばを機能させるための認識について

もう一つの「教師は全てことばの教師である」ということばの意味には、認識という機能があると思います。教師はいろいろなことを、まず知識としてことばで教えます。

理科などで、酸とアルカリということばを教えるとしたら、初めに酸ということばとアルカリということばを、酸というのはこういう物でアルカリという物はこういう物であると、物質そのものをことばで理解させるわけです。酸とアルカリということばを使わないと理解はなかなか進まないのです。

酸とアルカリに手をつけて、どちらがどうという、そんな教え方にはなかなかなりません。ことばで教えたうえで、例で、こちらはシュワシュワするとか、あちらはシュワシュワしないとか、こちらは赤くなるとか、あちらは青くなるとかならないとかそんな話になります。

教師がことばの教師であるというのは、まず子どもに知識を与えるときには、そのことばがどういう意味かということを含めて、酸とアルカリとか大化の改新とか、ことばで知るということです。もちろん社会とか理科が酸とアルカリとか大化の改新とか三権分立とか、そんなことばを教えていたらいいということではないということは私もわかっています。他教科の先生、主に他教科をがんばっておられる先生、無用の反発はなしにしてください。そう思っているわけではないのです。それは、社会なら社会、理科なら理科、最終的には科学的なものの見方とか社会科的なものの見方とか、そういう考える力を育てる。体育もそうですが、どんなふうにしたら、この跳び箱がうまく跳べるんだろうかとか、こんなことを一生懸命考える姿勢とかを育てなければいけないわけで、ただ跳べさえすればいいというものではありません。

そこはわかったうえで、伝達、認識、思考、創造ということばの機能のうち、認識するというところが、まず第一段階としては大事で、その認識というのが、ことば化できるというのは心の中に物の見方とか考え方が知識としてあるということで、ことばという形でつながっているわけです。

先ほどの自由ということばでいえば、もしかしたら江戸時代に、おれは自由がほしいと思った人がいたかも知れませんが、その自由ということばで説明できなかったのです。うまく言えないのですが、なんでおれはこんなにおやじに拘束されるのだ、みたいな言い方でしか、説明はおそらくできなかったのだろうと思います。

じゃあ、そういうことばをどういうふうに育てていったらいいのかということですが、ことばを獲得するということ自体の意味みたいなところから、少しまた改めて述べたいと思います。

私の中学校時代、そのときの中学校はＪＲＣ活動をしていました。お話をいただいて、青少年赤十字とJRCと聞いたとたんに、ジュニアレッドクロスとか思い出しました。私は、多分このJRC活動で「博愛」ということばを覚えたのだと思います。小学生の時はあまり博愛とか言いませんでした。小学校はJRCには入ってなかったのです。中学校になって、たぶん、博愛ということばをJRC活動で覚えたのだと思います。だから博愛ということばをJRC活動で覚えることによって、その博愛という非常に優れた心のありようというのを自覚したわけです。ことばというものは、わりとそういうものだと思います。

例えば、これは、私が幼稚園長時代に、幼稚園の子どもと先生のエピソードをつづった、職員みんなで一〇一ほど話を作ろうといって、本にしたものです。「かわりばんこ」という短い話を紹介します。

『かわりばんこ』

五歳の女児がブランコで遊んでいる「園長先生、見て、見て。」、「あー上手にこげる。すごいね。」、「園長先生、こんなのもできるよ。」、「わあ、すごい。いろいろできるね。」。

五歳の子がブランコに乗っている。

その横を、私が「わあ、すごいね。」とか言ってたら、四歳の子が来たわけですね。ブランコのそばの私のところへ来て。「先生、私もしたい。」

しかし、当然ブランコは、空いてはいない。私にほめられた五歳児たちは、ますますこぎ方をエスカレートさせて楽しんでいる。私、ちょっと、おだてて「すごいね。わあ。」と言ったものですから、ぎんぎんにやっているわけです。五歳の子は。

四歳の子は、来て「私もしたい。」というわけです。で、「ねえねえ、この子もブランコに乗りたいんだって。」、「誰か替わってあげて。」。私も一応園長ですが、幼児教育の資格をもっていない園長というのは、本当にかわいそうものなんですよ。そういうときに、なんの手立てももたない。

「かわってあげて。」って言って、「私らもさっきやりだしたばっかりだもん。」、「でも、小さい子がちょっとやってみたいんだよ。」五歳の子が「いや」って言って。

もうちょっと大きくなると、園長先生の顔をたてて、替わってやろうかとか思うんですけど、幼稚園とか小学校一、二年生の頃は全くありませんので。四歳の子なんか「園長先生、園長先生。」、「なあに。」って言ったら、「園長先生は、名前が園長なん?」とか言われて、「う～ん」。他の先生は、「みなこ先生」とか、「ゆみ先生」とかって呼ぶもんですからね。まあ、そんなもんだろうなと思います。

それで「ちょっと替わって。ちょっとだけでいいから替わってよ。」って言ったら、五歳のやってる子は、「いや」とか言うし。四歳の子は「ちょっとじゃいや。」とか言うし。それで、私は、なぜ、あの時「かわりばんこにしてあげてくれないかな。」と言えなかったのだろう。かわりばんこの実行は、譲ったということによる「やさしさ」や社会性の自覚、譲られたということによる「人の温かさ」の実感、いずれにしても重要な意味をもつ成長である。

その場がどうなったのかを語らないことで私は自分の空虚な名誉を守る、というふうに、このくらいの話を一〇一集めた本なんです。

最後の空虚な名誉はともかく、ここには書いていませんが、結局どうしようもなくなったわけで、そして四歳の子を連れて「ほかの遊びをしよう」と言って、なんとかごまかしたそのくらいしかないんです。知恵が……。

けれども、このお話のポイントはそこではなくて、「かわりばんこ」ということばを子どもが自覚して、かわりばんこにできるということです。その「かわりばんこ」ということばによって、譲ってあげるとか、譲ってもらってうれしかったとかいうことを自覚して、そういう気持ちが育っていくのだろう。それはやっぱり、「かわりばんこ」ということばがあるからこそ自覚できるのだろうと思うのです。そういうことって、私は意外と多いと思います。「かわりばんこ」という話でした。

七　心とことばの一体化

話はそれますが、このあいだ、東京オリンピックの招致決定のときに「おもてなし」というのがありました。「おもてなし」ということばがあそこであれだけ取り上げられるということによって、ものすごく象徴的な現象が日本にできてきていると思います。「おもてなし」というのが日本人の美徳で、そういうことを大事にしたほうがいいのだという気持ちがみんなに表れてきたのではないでしょうか。東京オリンピックが開かれる七年後には世界からいっぱい人が来る。まあ、オリンピックの開催について、賛成の人も反対の人もあるとは思います。けれども、世界から日本へたくさんの人が来られるのであれば、「おもてなし」の気持ちで迎えてあげるのが、オリンピックの精神を十全に発揮することになるだろうと思います。それにしても、「おもてなし」という一言がどれだけ大きなインパクトをもたらしたか、そして私たちの中にも消えかかっていた何かをどれだけこう強く掘り起こしたか。それはさっきの「かわりばんこ」と同じようなことがいえると思うのです。「おもてなし」ということばが逆に自分たちの心の中に一つの形になって、再生したと思います。四国には従来から「おもてなし」に近い「おせったい」ということばがあります。四国で改めて私も思うのですが、東京の人などはもっともっと、「おもてなし」と言ってほしいものです。愛想のない町の中で、こんな例をあげればいくらでもあると思います。

例えば、学校で、「クラスのガラスが割れた。」と言ったときに先生が、まずどのように声をかけるか。まあ最低というか、最善というかそういう言い方はしませんが、「誰が割ったんだ。」というのはあまりよくないと思います。例えば、「誰もケガしてないか。」、これがまっとうな教員だと思います。ガラスが割れたときに。これは、実は愛媛県から出た国語教育の先生の本（注・野地潤家『教育話法の研究』）の中にあるネタ話なのですが、そういうときに、教師の子どもに対する見方・接し方が、端的に表れるという言い方です。

人間の心というのは、ことばに表れてくる。あるいは、ことばが人間の心をつくっているのです。心とことばというのは、一体化したもので、ことばにならないものというのは、自分がもってないのです。ことばで理解できないものというのは、自分がそういう知識であるとか、あるいは、ものの見方であるとか、考え方であるとか、そういうものをもってないのだということだと思います。そういうことばを、どういうふうに育てるのか、あるいは、教師として、どのように自分のことばを考えたらいいのかということを少しお話したいと思います。

八　教師のことばの要素「伝える・つながる・引き出す」について

○ことばをはたらかせるためには、子どもへの共感的な関わりから

私は教師のことばが、いいことばであるために、こういう要素（伝える・つながる・引き出す）を、大切にしたいと思っています。学習指導などでは、はっきりとしたことばで伝えられなかったら、子どもはわからないわけで、事実を事実としてきちんとして伝えられる、どれだけ整理された整ったことばで子どもに伝えられるのか、あるいは、どういうことばで、伝えるのかということも含めて考えてみたいと思います。

例えば、修学旅行へ行って、大広間みたいな所でご飯を食べる。子どもはスリッパを履いて「わーわー」と来る、スリッパが乱雑になっているような場合。「スリッパをちゃんときれいに並べなさい。」という言い方、それは、きちんと伝えることばにはなっていますが、「お行儀はどうなのかな。」とか「このスリッパはどうみてもお行儀がいいとは思えないけどな。」という言い方のほうが、「みんな何してるんだ。ちゃんとスリッパを整えろ。」という言い方よりはよいと思います。小学校の先生などは、うまいです。「三班さんはもうできて、みんなきちんとしてすごいね。」と言ったら、他の子がみんな、三班のようになったりして、あれは伝え方です。うまいと思います。

中学校や高校の教員には絶対できない。私などは、中学校や高校の教員の時にはもう、どなるしかなかったのです。「はよせー（早くしろ）」とか。深く反省しております。穴があったら入りたい、戻れるものなら戻りたいと思っております。

つながるという要素と、引き出すという要素を見つけるためには、その子に共感的に、まず関わるということだと思います。

幼稚園へ行ったときのことを思い出しました。

幼稚園のサッカーのゴールは、この演台よりちょっと大きいくらいで、わりとじょうぶな小さめの網がかけてあったりします。サッカーゴールの上に男の子が乗って、ハンモックみたいにしていたのです。中学校の教員だったら、こういう姿を見たときに、ほとんどの教員は「おまえ、何してるんだ、早く降りろ。」と言うと思います。だけどそのときに幼稚園の先生は、「あー、誰々ちゃん、気持ちよさそうね。」と言って、「でも、乗ってたら、破れるかもしれん、破れたらサッカーできなくなるから降りようか。」と言ったら、その子が降りたのです。

幼稚園の先生は、まず、「あなたの気持ちはわかっている。」という、共感的なつながりというものが、必要なのではないですか。それは何かがあったときに、「わー、上手にできたね。」とまず一言、言ってやるようなことだと思います。つながりという要素というのは、子どもとのやりとりの中では、とても大事なことです。子どもとのやりとりだけではなく、一般でもそうかも知れません。

○伝えるための「引き出し方」について

次に教育的に考えたら、引き出すということがあると私は思っております。

それはどういうことかというと、これも幼稚園での話で申し訳ありません。

ある子どもがお皿に泥の団子のような塊を持ってきたのです。「園長先生、これ食べて。」と言うのです。まさか本当に食べるわけにもいきません。でも、お皿に載せて来たのだから食べ物だろうと。「わあ、おいしそうやね。何。」と言ったら、「おにぎり。」と言うのです。その時に、他の教諭が近くにいて、「園長先生、あれ上手に言いましたね。」と、あとで三時のおやつの時間にほめてもらいました。「え、おにぎり、そうなん。園長先生好きなんよ。何が入ってるの。」と聞いたのです。「中に何が入っているの。」と聞いたのですが、その子は、中に何か入れているということがおそらく頭になかったのです。一瞬きょとんとしたのです。きょとんとしたのですけど、「昆布。」と、たぶん口から出まかせだったと思うのですが言ったのです。「あ、そうなん。園長先生、昆布大好きなんよ。」「ああ、おいしかった。」とやったのです。その子がまた来て、今度は梅干しとおかかだと言ってきたのです。つまり何が入っていると聞いたことが、今度は梅干しやおかかのおむすびを作ろうという遊びにつながっているわけなのです。そういう行動を引き出しているわけなのです。

これは、私の専門の中の書写の話です。

子どもが書いた作品を持ってこさせて花丸をつけて、「よし。」と言って返す実践を見てしまったのです。私が書写の指導をするのであれば、「今日のめあてはなんだった。」と聞くと思います。子どもは「今日のめあては右側のはらいだ、右のはらいをきれいにするのがめあてだ。これが自分では気に入っている、自分では今までの中でいちばんよくできたと思って持ってきた。」と言うかもしれません。だから、今日のめあてはなんだった?、自分は気に入っているの? という問いかけではらいのところを自覚させるというやり方もあるし、あるいは作品として出てきた場合には、「自分でいちばん気に入ってる部分はどこ?」という聞き方で、自分のできた作品を振り返るということです。

だけど、それを有無を言わさず、「あー、ここはうまいことできた。」「あー名前は上手。」と言ってぱっぱとやるのでは、おそらく子どもの中に生まれるものはないだろうと思います。で、「ここのところのはねが、先生、上手にできたんよ。」と言ったら、「ほんとよ、ここのはね、上手にできたな。」と言ってやればいいわけです。で、そのうえで、「今日のめあてはどこだった。」と言って、「え、今日はこっちのはらい。」「うーん、こっちのはらいはもうちょっとかな。」と言えばいいわけで。

だから、子どもになるべく言わせるということは大事なところだろうと思っています。

○ことばを引き出しながら育てる

その、引き出すということにつないで言えば、ことばを育てるときに、どういうことに気をつけたらいいのかということは、それはまあ、十人十色のやり方があるだろうと思いますが、一つはきちんと話させて終わりまで聞いてやるというのが、大事だと思うのです。で、親として忙しかったり、先生としても忙しかったり、それから先生というのはどうしても先に教えたがるところがあって、傾向として。先に教える、先取りする、先取りして、こうじゃないの？　と言ってしまう傾向がないとはいえないのです。だから、そういうところをどのように考えるかですが。私の「きちんと話させて、よく聞いてやる。」ことや「ことばを引き出しながら、育てる。」ことについて述べてみます。

「園長先生、虫捕りに行こう。」と、四歳の女の子が言ってきたのです。「うん、行こう。先生くつ履き替えるから、先生の網を持ってきて。」、「うん、すぐ来てね。今日はちょうちょ飛んでくるかなあ。いっぱい。」、「私ね、いっぱい捕るからね。」「うんいっぱい捕ろうね。」、「私、だんごむしいっぱい捕ったんよ。」、「そう、どこで捕ったの?」「えーっとね、お家。」、「えー、お家にだんごむしいるの? いいね。お家のどこにいたの?」「えーっとね、おうちのね、えーっとね、私のね、だんごむし、手で捕まえた。」で、わからなくなるというか、あまり文脈はないわけです。四歳児ですから。でも、「だんごむし手で捕まえた。」、「手で捕まえた。」ということが言いたいわけですから、どこで捕まえたかなどは、この子には問題はないのです。「えー、そう、手で捕まえられるの。怖くないんだ。」、「私、手で捕まえられるよ。お姉ちゃんも捕まえられるよ。」、「えー。誰々ちゃん、お姉ちゃんがいるの?」、「うん。」、「お姉ちゃんの名前、なんていうの?」「お姉ちゃんの名前はねえ、○○ちゃん。」子どもと二人でゆっくり話せる場面は意外に少ないのではないかと。教師はよき聞き手でありたい。

○教師は良き「聞き手」に

よき聞き手に導かれて、子どもはよき話し手体験をする。そのことが、きちんと説明する力が育つための大きな力になるというのが、私のまとめなのです。教師がよい聞き手に、そんな時間的な余裕は、小学校や中学校であまりないのです。それはよくわかっているのですが、幼稚園だからこそ、ぼわーっと、おやつを食べる時間とお弁当を食べる時間以外はもう何をしたってだいじょうぶな世界ですから。だから、しっかり耳を傾けてやって、「あー、そうなん?」そして、「えー、それはどこにあったの?」とか、「お姉ちゃんもいるの? 名前はなんていうの?」、「どうやって捕まえたの?」としっかり聞いてやって、しっかり話させる。そこで、こちらがよい聞き手になってやれば、子どもはよい話し手である体験をする。話そうとするために、心の中でことばを探すわけですから、子どもは。そういう練習がなされるわけです。

だから、よい聞き手であるというのは、大変私は重要だと思っています。よく聞くということは、なかなか実際には難しく、どうしても、またあとでというようになるのです。それは、仕方がないところはありますが、話を先取りしないで、最後まできちんと聞いてやるということは、そのことによって、最後まできちんと話させるということで、そういうほんのわずかな努力の積み重ねという形でないと、子どものことばは育たないだろうと思います。

ことばが育つというのは、本当に「塵も積もれば山となる」という育ちであることはご理解いただけると思います。これは、いい悪いを言っているのではありません。例えば何時間か十時間ぐらいの勉強をすれば、くり上がりのたし算ができるようになるとか、算数だとそれはもう劇的にできるようになるわけです。今まで全然できてなかったことができるようになるわけです。体育などでも、もしかしたらそれまでできなかった逆上がりが、三時間ぐらいやったらできるようになったということもあるかも知れません。だけど、国語というかことばの力というのは、せいぜい今日五つ漢字を習って覚えたというようなことで、漢字を五つ覚えるというのは、とっても大切なことだけれども、それで劇的に何かができるようになるということではないのです。

本当にことばが育つというのは、「塵も積もれば山となる」という、本当にちりのような努力で、あるいはこちらのちょっとしたちりのような意識で、それをどれだけ続けるかというところでしか、子どものことばは育っていかないのかなと考えております。

九　おわりに

最後にお話ししたことは、ある意味、あたりまえみたいなことだといえばそれまでなのですが、大人が、子どもを育てる立場にある人間がそういう意識をもっているのともっていないのとでは、それは全く違う結果が出てくると思うのです。一生懸命しゃべっているのを、最後まで聞いてやるとか、あるいは逆にあまり平素話さない子がたまたま話したのなら、一生懸命聞いてやって、そして尋ねてやって、もう一言次のことばを出さそうという意識で子どもに接するということが、家庭生活においても学校生活においても、子どものことばを育てる意味では大事なことなのだと思って、そのときに、先ほどの「かわりばんこ」とか、「ガラス割ってけがしていないか。」みたいないいことばを、意識することは大事だと思います。

否定的なことばではなく、小さい子にはもう「ああ、いい子だね。えらいね。よくできたね。」と言い続けてやればいいのだと思います。そういうものがいいのだという価値観が出てくるわけです、ことばによって。それは、きっと道徳性とか、善悪とかいうところにもつながることばになっていくだろうと思います。

私の話は、あっちへいったり、こっちへいったりで、いつも申し訳ないんですが、大体あらすじだけ決めて、あとは勢いでしゃべっているものですからすみません。いろいろ聞き苦しかったかと思います。長時間、ご静聴ありがとうございました。

あとがき

大学卒業以来十七年間、中・高一貫の附属学校に勤務し、中学・高校の当時の全ての国語科の授業を経験した。また、その間三度、高校卒業を見送った。その後愛媛大学教育学部に移り、国語科教育を講じて二十六年になる。振り返ってみれば、四十三年という長きにわたって教壇に立っていた。

その間、入院するようなたいした病気もせず、最近の価値基準ではよいことかどうかはわからないが、年休もほとんど使わず、今日に至ることができたのは幸せなことだと思う。高校生の時に「教員になろう」とこころざし、いろいろなことはあったが、基本的にやりたいことを仕事としてここまで来ることができたこともまた、幸せなことなのであろう。

このたび大学の「定年」を迎えるにあたり、これまでの自身の足跡をなんらかの形で残しておきたいと考えていたところ、愛媛大学教育学部教育学研究科修了生の山下憲人君（現愛媛大学附属高等学校教諭）の強い勧めもあって、このような形で論考をまとめることができた。そのことも一つの区切りとしては大変幸せなことである。

これまで本当にお世話になった先生、先輩、同僚、後輩、さらには私を育ててくれた優秀な生徒・学生たち、全ての方々に心より御礼申しあげる。

とりわけ、今年五月にお亡くなりになったが、大学時代以来ご指導いただいた野地潤家先生、また私の眼を大学に向けてくださった大槻和夫先生は、私を温かく見守ってくださり、折にふれご助言をいただいた。教えていただいたということさえはばかられるようなできの悪い学徒であるが、私の教師生活の根幹のところを形作ってくださったのはお二人である。

感謝ということばでは尽くせないが、ここに改めて心より感謝申しあげたい。

教師生活の区切りを経て、今後何ができるか。形を変えてもう少し教壇には立つことになるかもしれないが、変わらず、現場の先生や子どもに寄り添う感覚を持ち続けて、教員の養成と研修に関わり、少しでも現場のお役に立てるようでありたいと思っている。

本書採録の論考の選定には、前述の山下憲人君のさまざまなアドバイスが機能している。厚く御礼申しあげたい。

最後になったが、本書の出版を快く引き受けてくださった三省堂、企画からご尽力いただいた出版局瀧本多加志氏、編集の労をとってくださった五十嵐伸氏に別して心より御礼申しあげる。

二〇一六年十一月吉日

初出一覧

本書に収めた論考の初出は、以下のとおりである。ただし、本書に収録するに際し、表記の統一ほか必要に応じて加筆・修正を施した。

Ⅰ　実践力としての教育話法

1　子どものことばを育てる教師のことば（『松籟』7号　二七会　二〇一〇年一二月）

2　学習指導能力としての教師の話し方の自覚（『月刊国語教育研究』452号　日本国語教育学会　二〇〇九年一二月）

3　指導法としての教師の話しことば―「応答」を中心に―（『月刊国語教育研究』526号　日本国語教育学会　二〇一六年二月）

4　豊かな教室コミュニケーションの成立（『月刊国語教育研究』365号　日本国語教育学会　二〇〇二年九月）

Ⅱ　教材研究へのアプローチ

1　梅崎春生における「かるみ」―『蜆』の分析をもとに―（『愛媛国文と教育』31号　愛媛大学教育学部国語国文学会　一九九八年七月）

2　これからの中学国語教科書―可塑性のある学習材集として―（『日本語学』266号　明治書院　二〇〇三年六月）

3　学習材としての『坊っちゃん』『吾輩は猫である』（『日本語学』281号　明治書院　二〇〇四年七月）

4　読むことの学習指導の方法改善に向けて（『日本語学』329号　明治書院　二〇〇七年一二月）

Ⅲ　国語科授業実践方法の基底

1 生活全体でことばを育てる（『ことばの学び』vol.3　三省堂　二〇〇七年七月）

2 子どもの物語としての「見通し・振り返り」（『ことばの学び』19号　三省堂　二〇〇九年五月）

3 学習記録機能の強化と記録の活用（『教育科学国語教育』695号　明治図書　二〇〇八年七月）

4 学習の個別化あるいは段階化の工夫（『教育科学国語教育』671号　明治図書　二〇〇六年八月）

5 話すこと・聞くことの評価（『国語科重要用語辞典』月刊国語教育別冊　東京法令出版　二〇〇九年五月）

6 「聞くこと」の学びは〈どのように〉可能か（『ことばの学び』5号　三省堂　二〇〇四年六月）

7 「聞く」における「技術」と「能力」（『教育科学国語教育』644号　明治図書　二〇〇四年五月）

8 国語科の授業としての「読むこと」の意味は何か（『中学校国語科教育CD-ROM授業実践資料集　理論編2』Vol.4　ニチブン　二〇〇四年一二月）

9 文学（「こころ」）を教室で読むことの意味（『日本語学』407号　明治書院　二〇一三年四月）

10 俳句の創作教育のあり方（『日本語学』388号　明治書院　二〇一一年一二月）

11 書く意欲を引き出す指導技法　書く意欲から態度の育成へ（『厳選指導技法ハンドブック』月刊国語教育別冊　東京法令出版　二〇〇三年五月）

12 記述力を高めるために〈原題　記述力〉（『国語科指導開発事典』月刊国語教育別冊　東京法令出版　二〇〇八年五月）

13 作文の処理・評価に関する工夫（『国語科指導開発事典』月刊国語教育別冊　東京法令出版　二〇〇八年五月）

14 読書感想文を書く〈原題　読書感想文の書き方〉（「ウィークリーえひめ　リック」VOL.1074　愛媛新聞社　二〇〇九年七月三〇日）

【付】

○講演記録「ことばは心のかたち」（『講演シリーズNo.29』愛媛県青少年赤十字指導者協議会・日本赤十字社愛媛県支部　二〇一三年一〇月）

◉著者紹介

三浦和尚（みうら・かずなお）

1952年　広島市生まれ。
1974年　広島大学教育学部卒業。広島大学教育学部附属福山中・高等学校教諭。
1983年　広島大学附属中・高等学校教諭。
1991年　愛媛大学教育学部助教授（国語教育学）。1996年、同教授。
1997年　愛媛大学教育学部附属幼稚園長。2001年3月まで。
2003年　愛媛大学教育学部附属小学校長。2007年3月まで。
2012年　愛媛大学教育学部長。2016年3月まで。
2015年　愛媛大学副学長（附属学校担当）。

所属学会等

全国大学国語教育学会、日本国語教育学会、日本教師教育学会、日本近代文学会、日本俳句教育研究会（会長）等。

著書

『高等学校国語科学習指導研究』（溪水社　1992）、『中学校国語科学習指導の展開―表現活動を中心に―』（三省堂　1993）、『「話す・聞く」の実践学』（三省堂　2002）、『「読む」ことの再構築』（三省堂　2002）、『国語教室の実践知―確かな学びを支える25のキーワード』（三省堂　2006）等。

国語教育実践の基底

2016年12月25日　第1刷発行

著　者　三浦和尚

発行者　株式会社 三省堂　代表者 北口克彦

印刷者　三省堂印刷株式会社

発行所　株式会社 三省堂
〒101-8371 東京都千代田区三崎町二丁目22番14号
電話　編集 (03) 3230-9411　営業 (03) 3230-9412
振替口座　00160-5-54300
http://www.sanseido.co.jp/

落丁本・乱丁本はお取り替えいたします。

ISBN978-4-385-36257-1　〈国語教育実践の基底・240pp.〉